¡VAMOS DE FIESTA!

Antología para la lectura en voz alta

Grado 1

Harcourt

Orlando   Boston   Dallas   Chicago   San Diego

Visite *The Learning Site*

www.harcourtschool.com

For permission to translate/reprint copyrighted material, grateful acknowledgment is made to the following sources:

Acme Agency S.A, Suipacha 245 - Piso 1ro. - 1008 Buenos Aires, Argentina: El ratón de campo y el ratón de la ciudad. Text © by Acme Agency S.A.

David Adler: Adapted from *A Little at a Time* (Retitled: "Un poquito a la vez") by David Adler. Text copyright © 1976 by David Adler.

Oscar Jara Azocar: "Los siete días" by Oscar Jara Azocar from *Nuevo ritmo de la poesía infantil.*

CELTA Amaquemecan S.A. de C.V.: Untitled poem (Retitled: "Dos hermanas") from *Versos de dulce y de sal* by Antonio Granados. Text copyright © 1986, 1988, 1989, 1992 by Editorial Amaquemecan S.A. de C. V.

Arturo Corcuera: "El pez" from *El libro de las adivinanzas* by Arturo Corcuera.

Erika Ramírez Diez: "Nunca podré conocer el mar" by Erika Ramírez Diez. Text copyright © 1991 by *Diserta*, Núm. 1. Published by Universidad de Guadalajara, Mexico.

Ediciones Colihue S.R.I.: "El sapito glo glo glo" by José Sebastián Tablón.

Editorial Patria, S. A. de C. V.: El mar by Nicole Girón. Text copyright © 1984 by Editorial Patria, S.A. de C. V. ISBN 968-39-0000-3. *El universo* by Irene Spamer. Text copyright © 1981 by Editorial Patria, S.A. de C. V. ISBN 968-39-0003-8.

Editorial Planeta Argentina SAIC: "Dailan Kifki," adapted by María Elena Walsh in *Nuestra Lengua 2, Educación primaria.* Text © 1995 by María Elena Walsh, Compania Editora, Espasa Calpe Argentina SA.

Editorial Santillana, S. A. de C. V., Mexico: "La olla mágica," adapted by Hermanos Grimm in *Nuestra Lengua 2, Educación primaria.* Text © 1994 by Editorial Santillana, S. A. de C. V.

Editorial Trillas, S. A. de C. V.: El naranjo que no daba naranjas by Zoraida Vásquez and Julieta Montelongo. *¿Por qué el conejo tiene las orejas tan largas?* by Zoraida Vásquez and Julieta Montelongo. Text © 1984 by Editorial Trillas, S.A. de C.V. "Muchos zapatos" by María Paz Berruecos, "La canción del perro callejero" by Elisa González Mendoza, "¡Pintaré un sol!" by José Antonio Xokoyotsin, and "El trabalenguas del puerquito" (anonymous) from *Recreo español 2.* Text © 1994 by Editorial Trillas, S. A. de C. V.

Jorge Ortiz Espinoza: From "En el día del cumpleaños" and "La tos de la muñeca" by German Berdiales.

Jaime Ferrán: "El Acuario" from *Mañana de parque* by Jaime Ferrán. Text © 1972 by Jaime Ferrán and Ediciones Anaya, S. A.

The Heirs of Gastón Figueira and A.G.A.D.U.: "Año nuevo" by Gastón Figueira.

La Galera, SA Editorial: La liebre y la tortuga, adapted by Maria Eulàlia Valeri. Adapted text © 1993 by M. Eulàlia Valeri; adapted text © 1993 by La Galera, S.A. Editorial.

Alba Raquel Gandolfi: "Cuando sea grande" by Álvaro Yunque from *Nuevo ritmo de la poesia infantil.*

Golden Books Publishing Company, Inc.: "I Like Cars" from *The Friendly Book* by Margaret Wise Brown. Text © 1954 by Golden Books Publishing Company, Inc.

Tomás Calleja Guijarro: "Astronauta" from *Girasol* by Tomás Calleja Guijarro. Text © 1982 by Tomás Calleja Guijarro.

Harcourt, Inc.: Adapted from *The Little Red Lighthouse and the Great Gray Bridge* by Hildegarde H. Swift and Lynd Ward. Text copyright 1942 by Harcourt, Inc., renewed 1970 by Hildegarde H. Swift and Lynd Ward.

Intervisual Books: Estrellita del lugar. Text © 1986 by Intervisual Communications, Inc.; text © 1987 by Plaza Joven, S. A.

M. Nieves Díaz Mendez, Literary Agent, on behalf of Julia Calzadilla Núñez: "¿Por qué el perro mueve la cola?" from *Las increíbles andanzas de Chirri* by Julia Calzadilla Núñez. Text © 1989 by Julia Calzadilla Núñez.

Gilda Rincón Orta: "Pájaro carpintero" by Gilda Rincón Orta from *Costal de versos y cuentos.* Text © by Gilda Rincón Orta; text © by Consejo Nacional de Fomento Educativo.

Scholastic Inc.: Stone Soup by Ann McGovern. Text copyright © 1968 by Ann McGovern.

Simon & Schuster Books for Young Readers, Simon & Schuster Children's Publishing Division: Alexander, que de ninguna manera - ¿le oyen? - ¡lo dice en serio! - se va a mudar by Judith Viorst, translated by Alma Flor Ada. Text copyright © 1995 by Judith Viorst; translation copyright © 1995 by Simon & Schuster Children's Publishing Division.

Eunice Tietjens: "La mudanza" by Eunice Tietjens.

Kitzia Weiss: From "Yo sueño" (Retitled: "Peces") by Kitzia Weiss and Gabriela Huesca in *Música Mexicana de hoy para niños de hoy.*

Every effort has been made to locate the copyright holders for the selections in this work. The publisher would be pleased to receive information that would allow the correction of any omissions in future printings.

Printed in the United States of America

ISBN 0-15-315133-1

2 3 4 5 6 7 8 9 10 076 02 01 00

Contenido

Rimas

Adivinanzas

Poemas

Leer en voz alta a los niños

por la Dra. Dorothy S. Strickland

Los niños escuchan atentos y embelesados el cuento que les lee con mucho entusiasmo su maestra Janine White. Hay una pausa mientras Janine modela cómo pensar en voz alta: —¿Me pregunto qué pasará después? Varias respuestas se unen a su sugerencia: —Vamos a seguir leyendo para ver qué pasa. Luego, Janine hace un comentario breve para explicar una palabra que puede ser confusa para los niños. De vez en cuando, ella intercala una pregunta o hace un comentario para dirigir la atención de los niños hacia un aspecto importante del cuento: —¿Cómo creen que se siente el niño ahora? ¿Qué les hace pensar eso? Bueno, ¡eso fue una sorpresa! Sus comentarios se mantienen cortos para que el cuento fluya sin grandes interrupciones. Sin embargo, si es un libro informativo, Janine y sus estudiantes pueden demorarse algunos minutos en una página, disfrutando de los nuevos conceptos y compartiendo ideas, antes de continuar. No es de sorprender que en este salón de clases uno de los momentos favoritos del día es cuando la maestra lee en voz alta.

La lectura en voz alta tiene muchos propósitos. Es reconocido que exponer a los niños al placer de la buena literatura es fundamental para desarrollar actitudes positivas hacia la lectura. En años recientes, también se ha empezado a valorizar la lectura en voz alta de cuentos, libros informativos y poesía por su gran contribución cognoscitiva al desarrollo de la lecto-escritura del niño.

A continuación, encontrará algunas de las aportaciones importantes que ofrece la lectura en voz alta al programa de la lecto-escritura y algunas sugerencias para sacar el máximo provecho de este valioso componente del currículo.

¿Por qué y para qué leer en voz alta?

- **La lectura en voz alta desarrolla conocimientos básicos.** Seleccione libros que expandan su conocimiento sobre el mundo y despierte en los niños la imaginación. Recuerde que la comprensión auditiva de los niños pequeños excede a la comprensión de lectura. Por lo tanto, lea selecciones que los lleven más allá de su propio nivel de lectura. La lectura en voz alta puede ser un componente clave en otras áreas del currículo. Escuchar y discutir libros de información sobre temas de estudios sociales y ciencias, garantiza que los niños tengan acceso a información que les sería difícil obtener leyendo por su cuenta.

- **La lectura en voz alta ayuda a entender la estructura de los textos.** Seleccione entre una gran variedad de materiales. Recuerde que aun dentro de la forma narrativa existe una gran variedad de textos. Los niños que han sido expuestos a muchos tipos de cuentos desarrollan un sentido agudo de las diferencias entre ellos. Por ejemplo, se familiarizan con cuentos de narrativa simple, cuentos acumulativos que tienen una estructura particular y cuentos de misterio con problemas para resolver y claves que los ayudan a solucionarlos. La exposición a la poesía y formas variadas de libros de información también ayuda a los niños a entender la naturaleza de las diferentes formas de escribir. La familiaridad con diferentes estructuras de textos ayuda a los niños en la comprensión de la lectura y en su propia redacción.

- **La lectura en voz alta provee oportunidades para responder a la literatura de diferentes maneras.** Planifique sesiones de reacción a la literatura. Frecuentemente la reacción a un poema o cuento es muy breve e informal. Algunas veces, Janine simplemente cierra el libro y pregunta: —*¿Algún comentario?* Los niños pueden responder oralmente a la selección completa o a una parte de ella: —*El cuento me recuerda a _____. Me gustó la parte cuando _____. Estaba asustado hasta que _____. Aprendí que _____.* A veces Janine escribe las respuestas en una tabla para volverlas a leer y agregarles comentarios después de otra lectura. Los niños necesitan oportunidades para expresar su reacción ante el texto de diferentes maneras. Discutir en grupos, escribir, dibujar y representar a través del movimiento son algunas de las formas en que los niños pueden reaccionar a la lectura en voz alta.

- **La lectura en voz alta ofrece oportunidades para desarrollar la comprensión por medio de las destrezas auditivas.** Seleccione literatura que capte el interés y la atención de los niños. Los estudiantes necesitan sentirse envueltos con la literatura si van a desarrollar sus habilidades para comprender, reaccionar y aplicar lo que escuchan y aprenden. La primera experiencia de este tipo ocurre a través de la lectura en voz alta. Al envolverse de tal manera con la literatura, los niños tienen la oportunidad de sentir y experimentarla verdaderamente. Estas experiencias sirven como base para aprender a interpretar y pensar críticamente sobre lo leído.

Algunas sugerencias para leer en voz alta a los niños

1. Léales regularmente.

2. No programe la lectura en voz alta para el final del día cuando es más fácil dejarla de lado.

3. Lea expresivamente. Muestre interés y entusiasmo por la selección que está leyendo.

4. Al principio del año establezca las reglas de conducta que deben seguir durante la lectura en voz alta, enfatizando la necesidad de respetar el derecho de todos a escuchar y a disfrutar de la lectura. Permita que la presión del grupo se encargue del resto.

Patito Feo

Versión libre del cuento de H.C. Andersen por Alma Flor Ada

PROPÓSITO AL ESCUCHAR LA LECTURA: Escuchar y reaccionar apropiadamente a este clásico de la literatura infantil.

SUGERENCIA PARA LEER EN VOZ ALTA: Lea con un tono de voz que exprese los sentimientos del patito.

L a pata llevaba veinte días empollando sus huevos.

Explique a los niños que tal vez conozcan otra versión de este cuento popular.

Ya estaba muy cansada.

"De pronto oyó un ruidito —"cric-crac", "cric-crac"— y un patito salió del cascarón.

¡Qué contenta se puso mamá pata!

"Cric-crac", "cric-crac" ...

Uno tras otro, salieron diez patitos más.

Mamá Pata les alisó las plumas con el pico. Luego los contó: once patitos.

Faltaba uno. Ella estaba segura de que los huevos eran doce.

¿Qué sucedía con el otro patito?

"Cric-crac" ¡Crac!" sonó muy fuerte el último huevo.
¡Qué patito tan raro salió!
No era amarillo como sus hermanitos.
Era blanco y tenía un cuello muy largo.

—Es un patito muy feo —dijeron las otras aves de
la granja.
Desde entonces todos lo llamaron "Patito Feo".

Pídales que predigan qué le pasa al último patito. (Las respuestas variarán.)

Patito Feo estaba siempre triste.
En la granja nadie lo quería.
Sus hermanitos no jugaban con él.
Las otras aves no lo dejaban comer. Además le
daban picotazos.
Por eso Patito Feo decidió marcharse de la granja.
Se despidió de mamá Pata y se fue por el mundo.

¿En qué era diferente el patito a sus hermanos?

¡Cuántos días caminó Patito Feo! ¡Y qué sustos tan
grandes pasó!
Un perro le ladró y quiso morderlo.
Un gato negro le enseñó las uñas.
Unos gallos corrieron a picarlo.
Para salvarse, Patito Feo se tiró al estanque y empezó
a nadar.

¿Qué podría pasarle al patito al irse de la granja?

Al mirarse en el agua, ¿cómo se dio cuenta el patito que era él mismo?

¡Qué ave más bonita vio el Patito Feo en el agua!
Pronto se dio cuenta de que era él mismo.
Las demás aves estaban equivocadas.
Él no era un Patito Feo. Era un hermoso cisne.
¡Qué contento vivió desde entonces el pobre Patito Feo!

1. **¿Por qué los animales de la granja le decían al patito que era feo?** (Porque era diferente a los otros patitos.)

2. **¿Qué le pasó al patito cuando creció?** (Se convirtió en un hermoso cisne.)

El pollito de la avellana

Cuento tradicional. Versión libre de Alma Flor Ada

PROPÓSITO AL ESCUCHAR LA LECTURA: Escuchar para obtener información y resolver problemas.

SUGERENCIA PARA LEER EN VOZ ALTA: Lea con un tono de preocupación y angustia para la gallina.

Era una vez un pollito que picoteaba con su gallinita en la avellaneda y se le atracó una avellana y se iba a ahogar. La gallinita corrió a casa de la dueña.

—Dueña, buena dueña, ven a sacar la avellana a mi pollito, que está en la avellaneda y se va a ahogar.

—¡Ay, gallina, mi gallinita, que no tengo zapatos! Dile al zapatero que te los dé.

Y la gallinita corrió a casa del zapatero.

—Zapatero, buen zapatero, dame los zapatos de mi dueña, para que saque la avellana a mi pollito, que está en la avellaneda y se va a ahogar.

—¡Ay, gallina, mi gallinita, que no tengo cuero! Dile a la cabra que te lo dé.

> Explique que *avellana* es una clase de nuez y que *avellaneda* es un lugar donde hay muchos árboles de avellanas.

Y la gallinita corrió a la casa de la cabra.

—Cabra, buena cabra, dame cuero para el zapatero, para que haga los zapatos de mi dueña, para que saque la avellana a mi pollito, que está en la avellaneda y se va a ahogar.

—¡Ay, gallina, mi gallinita, que mi cuero tiene hambre! Dile al prado que te dé hierba.

> ¿Para qué necesita el cuero el zapatero?

Y la gallinita corrió al prado.

—Prado, buen prado, dale hierba a la cabra, para que le dé cuero al zapatero, para que haga los zapatos de mi dueña,

> ¿Por qué la cabra dice que su *cuero tiene hambre*?

para que saque la avellana a mi pollito, que está en la avellaneda y se va a ahogar.

—¡Ay, gallina, mi gallinita, que mi hierba está seca! Di a las nubes que me den agua.

Y la gallinita voló a las nubes.

¿Por qué la gallinita voló a las nubes?

—Nubes, buenas nubes, denle agua al prado, para que dé hierba a la cabra, para que dé cuero al zapatero, para que haga los zapatos de mi dueña, para que saque la avellana a mi pollito, que está en la avellaneda y se va a ahogar.

Y las nubes, las buenas nubes, dieron agua al prado. Y el prado dio hierba a la cabra. Y la cabra dio cuero al zapatero. Y el zapatero hizo los zapatos de la dueña. Y la dueña corrió a la avellaneda y sacó la avellana del pollito, que estaba en la avellaneda y que no se ahogó.

1. **¿Qué problema tenía la gallinita?** (Su pollito se estaba ahogando con una avellana.)

2. **¿Quiénes ayudaron a la gallinita a resolver su problema?** (la dueña, el zapatero, la cabra, el prado y las nubes)

El cabrito y el lobo

Versión libre de Alma Flor Ada

PROPÓSITO AL ESCUCHAR LA LECTURA:
Escuchar para resolver problemas.

SUGERENCIA PARA LEER EN VOZ ALTA: Use un tono astuto para el cabrito y una voz gruesa para el lobo.

Un cabrito se apartó un día del rebaño. El lobo lo descubrió y lo atrapó.

> Explique que *rebaño* es un grupo de cabras u ovejas.

El cabrito era pequeño pero muy listo, y dijo:
—Señor Lobo, he oído decir que toca usted muy bien la flauta.
—¿Quieres oírme? —contestó el lobo halagado.

—¡Sí! —contestó el cabrito—. Toque usted y yo bailaré. Veremos si es verdad que sabe usted tocar tan bien.
El lobo se sentó debajo de un árbol y se puso a tocar.
El pastor que oyó la música vino rápidamente. El lobo tuvo que huir. Y el cabrito bailarín pudo volver a su rebaño.

> Explique que *halagar* es decirle algo a una persona para que se sienta bien.

1. **¿Qué problema tenía el cabrito?** (Un lobo lo atrapó y quería escapar.)

2. **¿Qué hizo el cabrito para que el pastor lo encontrara?** (Hizo que el lobo tocara la flauta y entonces, el pastor escuchó la música.)

Había una vez en Dragolandia...

por Alma Flor Ada

PROPÓSITO AL ESCUCHAR LA LECTURA: Escuchar para disfrutar y participar en conversaciones y discusiones.

SUGERENCIA PARA LEER EN VOZ ALTA: Lea el cuento con voz de asombro.

Escuchen con atención para ver por qué estos dragones son tan sorprendentes o raros.	Había una vez en Dragolandia una familia sorprendente. Llamaba la atención su gran tamaño, sus escamas lustrosas, sus largos dientes; pero lo que más sorprendía era el buen apetito que tenían. El padre se llamaba Tragafuegos, la madre se llamaba Dragoneta, el chiquitín que apenas si gateaba, desayunaba, cada día, ¡una flamante camioneta! Al padre lo que más le gustaba eran los trenes. Tragaba los vagones como píldoras. ¡Sólo se relamía con la locomotora si tenía bien encendidas las calderas! La mamá vivía en dieta por cuidar su figura. Y, por ser de apetito delicado, escogía sus manjares con cuidado.
Explique que *manjares* son alimentos deliciosos.	Tranvías, autobuses o camiones, carros, motos y alguna bicicleta era sólo lo poco que comía la delicada señora Dragoneta. Una vez, allí, donde vivían, aterrizó una despistada avioneta.

Al verla, se imaginó el chiquillo que ya tenía su merienda completa.

Se propuso comerla de un bocado. La avioneta lo vio y levantó el vuelo. El dragoncito extendió las alas y al instante se despegó del suelo.

Pida a los niños que hagan predicciones de lo que podría sucederle al dragoncito y a la avioneta.

—¡Tragafuegos, se nos escapa el niño!
—exclamaba angustiada Dragoneta.
—¡Avanza, vuela, vamos al rescate!
¡Se nos ha ido detrás de una avioneta!

¿Por qué mamá y papá dragón se van a rescatar al dragoncito?

Desde entonces,
perdidos por el cielo,
se persiguen todavía los dragones.
Y cuando veas relámpagos y oigas truenos ya sabes quienes son:
¡los comelones!

1. **¿Qué comía la familia de dragones para calmar su apetito?** (camionetas, trenes, tranvías, autobuses, camiones, carros, motos, bicicletas, avionetas)

2. **¿Por qué la autora dice que los truenos y relámpagos son los comelones?** (porque los dragones todavía se persiguen por el cielo y hacen mucho ruido)

La gallinita dorada

Versión libre de Alma Flor Ada

PROPÓSITO AL ESCUCHAR LA LECTURA: **Escuchar y reaccionar apropiadamente a este clásico de la literatura infantil.**

SUGERENCIA PARA LEER EN VOZ ALTA: **Lea con un tono de entusiasmo para la gallinita y de desgano para el pato y el pavo, menos al final que están deseosos de comer.**

<table>
<tr>
<td>

Explique a los niños que este cuento lo conocen casi todos los niños del mundo aunque en diferentes versiones.

</td>
<td>

La gallinita dorada encontró en el corral un grano de maíz.

—¿Quién quiere sembrar este grano de maíz? —preguntó.

—Yo no —dijo el pato.

—Ni yo —dijo el pavo.

—Entonces lo sembraré yo —dijo la gallinita dorada.

Y sembró el grano de maíz.

Del grano de maíz salió una plantita.

La plantita creció y dio varias mazorcas.

Cuando las mazorcas estuvieron maduras, la gallinita dorada preguntó:

</td>
</tr>
<tr>
<td>

¿Para qué la gallinita quiere llevar el maíz al molino?

</td>
<td>

—¿Quién quiere llevar este maíz al molino?

—Yo no —dijo el pato.

—Ni yo —dijo el pavo.

—Entonces lo llevaré yo —dijo la gallinita dorada.

Y llevó el maíz al molino.

</td>
</tr>
</table>

Cuando el maíz estuvo molido, la gallinita dorada preguntó:

—¿Quién quiere amasar la harina para hacer el pan?

<table>
<tr>
<td>

Explique que *amasar* es estirar con las manos una masa de harina y agua.

</td>
<td>

—Yo no —dijo el pato.

—Ni yo —dijo el pavo.

</td>
</tr>
</table>

—Entonces lo haré yo —dijo la gallinita dorada.

Y amasó la harina y coció el pan.

Cuando el pan estuvo listo, dijo la gallinita dorada:

—¿Quién se va a comer este pan?

—¡Yo! —gritó el pato.

—¡Y yo! —gritó el pavo.

—No, ustedes no. Me lo comeré yo y les daré a mis pollitos —dijo la gallinita dorada.

Y empezó a llamar a sus pollitos haciendo ¡Cloc! ¡Cloc! ¡Cloc!

> ¿Por qué la gallinita no invitó al pavo y al pato a comer del pan?

1. **¿Qué debieron hacer el pavo y el pato para que la gallinita los invitara a comer pan?** (Ayudarla a sembrar, a moler y a amasar el pan.)

2. **¿Pueden inventar un final diferente para este cuento?**
   (Permita que los niños inventen diferentes finales, incluyendo los finales de otras versiones.)

El farolito rojo

por *Hildegarde H. Swift y Lynd Ward*

PROPÓSITO AL ESCUCHAR LA LECTURA: Escuchar críticamente para interpretar y evaluar.

SUGERENCIA PARA LEER EN VOZ ALTA: Lea con una voz suave para el farolito rojo y una voz fuerte y segura para el puente.

Había una vez un farolito rojo
cerca de un río.
Los barcos navegaban en el río.
Por la noche se prendía la luz del
farolito rojo.
La luz ayudaba a los barcos.

La luz decía —¡Cuidado!
¡Cuidado!
¡Hay rocas aquí!

> ¿Cómo ayudaba
> la luz del farolito
> a los barcos?

El farolito rojo era muy,
muy feliz.
—Los barcos en el río me
necesitan —decía el farolito rojo.

Un día vino mucha gente.
La gente estaba haciendo una cosa
grande cerca del farolito rojo.

—¿Qué será esa cosa grande
y alta? —preguntó el farolito rojo.

¿Por qué el farolito rojo dice que los barcos lo necesitan?

La gente estaba haciendo un
puente en el río.
El puente era muy grande.
También era muy alto.
El farolito rojo se veía muy
pequeño cerca del puente.

Arriba del puente había una
luz grande.
Una noche, la luz se prendió.

—Esa luz es muy grande.
—Es más grande que la mía
—dijo el farolito rojo.
—Ahora no van a necesitar mi luz.

El farolito rojo se puso muy triste.
—No voy a prender mi luz
—dijo el farolito rojo.

Pida a los niños que predigan cómo se siente el farolito al prenderse la luz del puente.

Entonces, el puente le preguntó al
farolito rojo —¿Dónde está tu luz,
farolito rojo?

¿Qué puede suceder si el farolito rojo no prende su luz?

—Oh, no necesitan mi pequeña
luz —dijo el farolito rojo.
—Tu luz es más grande que la mía.

El puente grande dijo —Mi luz es
para aviones y no para barcos.

¿Por qué el
puente dice que
su luz no es para
los barcos?

Mi luz está muy alta y los barcos
no la ven.
Los barcos en el río sólo pueden
ver tu luz.

Sin tu luz los barcos no pueden
ver las rocas en la noche.
¡Mira, aquí viene un barco!
¡Prende tu luz!

El farolito rojo dijo —Oh, ese
barco me necesita.
Tengo que prender mi luz.

¿Por qué al final el
farolito rojo
prende su luz?

El farolito rojo prendió la luz.
El barco pudo ver las rocas.
Los barcos necesitaban al
farolito rojo.
El farolito rojo estaba feliz
otra vez.

1. **¿Por qué el farolito rojo se puso triste cuando el
   puente prendió su luz?** (Porque pensó que ya no iban a
   necesitar su luz.)

2. **¿Cuándo se sentía feliz el farolito rojo?** (Cuando ayudaba a
   los barcos.)

La olla mágica

Adaptación de un cuento de los Hermanos Grimm

PROPÓSITO AL ESCUCHAR LA LECTURA: Escuchar para participar en conversaciones y discusiones.

SUGERENCIA PARA LEER EN VOZ ALTA: Use dos tonos de voz: uno dulce para la viejita y otro mandón para la ambiciosa vecina.

Una vez, una niña muy pobre y bondadosa se encontró en el bosque con una viejecita muy amable que le dijo:

—Toma esta olla, hija. Cuando tengas hambre, levanta la tapadera y di: "¡Cuece, ollita, cuece!". En seguida verás que se llena con la comida que deseas. Cuando ya no tengas apetito, le dices: "¡Basta, ollita, basta!". Y la olla se vaciará.

> ¿Por qué la viejita le regaló la olla a la niña?

La niña agradeció el regalo y lo llevó a su casa. Desde entonces nunca más volvió a pasar hambre.

¿Cómo creen que se siente la niña con este regalo?

Un día, una vecina oyó desde la ventana que la niña decía: "¡Cuece, ollita, cuece!", y vio que la olla le preparaba un delicioso guiso. Como la vecina era muy envidiosa, decidió robar la olla.

La ambiciosa vecina llevó la olla a su casa y, mientras pensaba en un buen plato de arroz con leche, ordenó:

—¡Cuece, ollita, cuece!

Escuchen atentamente para ver qué le pasa a la vecina con la olla.

Al instante, la olla empezó a preparar arroz con leche. La mujer comía y comía, y de la olla seguía saliendo más y más arroz con leche. ¡Aquello nunca se acababa!... La mujer no sabía qué hacer.

El arroz con leche salió y salió hasta llenar la casa, y después la calle, y luego todo el barrio... Y siguió saliendo hasta que llegó la niña y dijo:

—¡Basta, ollita, basta!

¿Cómo creen que se sentía la vecina cuando la ollita no paraba de hacer arroz con leche?

Como castigo a su acción, la vecina tuvo que limpiar todas las casas y las calles del poblado. Y, por supuesto, no volvió a probar el arroz con leche en toda su vida.

1. **En vez de robarse la olla ¿qué debió hacer la vecina para comer la comida que hacía la olla?** (Pedirle a la niña la olla prestada.)

2. **¿Por qué castigaron a la vecina?** (Por robarse la olla.)

El ratón de campo y el ratón de la ciudad

Según la fábula de Esopo adaptada por Nenúfar Orge

PROPÓSITO AL ESCUCHAR LA LECTURA: Escuchar para interpretar y evaluar el cuento.

SUGERENCIA PARA LEER EN VOZ ALTA: Lea el cuento con un tono de voz altanero para el orgulloso ratón de la ciudad y uno amable para el ratón de campo.

Sobre una vieja lata de conservas, el ratoncito de campo escribe una carta a su viejo amigo, el ratón de la ciudad.

—Hace tiempo que espero tu visita, —le dice— me gustaría que vinieras a pasar unos días conmigo. Aquí la vida es muy tranquila y alegre.

Cuando el ratón de la ciudad recibió la invitación, no esperó un instante: se puso una elegante corbata, el saco, la gorra y, después de releer la carta en la que su amigo le indicaba el camino, se acomodó en el autito de cuerda y tomó la ruta que lo llevaba a la vivienda campestre.

¿Cómo creen que se sentirá el ratón de la ciudad en el campo?

Al llegar sufrió una gran sorpresa. Su amigo tenía su residencia en un viejo zapato roto y lleno de agujeros.

—¡Qué pequeña es tu casa! —le dijo con tristeza— ¿no tienes miedo a las corrientes de aire?

¿Cómo se sintió el ratón de la ciudad cuando vio donde vivía el ratón de campo?

—Yo no, —le replicó sonriente el ratón de campo, mientras preparaba una sabrosa comida en homenaje al visitante.

—Aquí tengo de todo, —insistió— esta lata de sardinas me sirve como despensa; allí guardo nueces, semillas y granos para convidar a los amigos.

—Yo no sé si podré tragarlas, —pensó disgustado el ratón de la ciudad.

El visitante pasó el día sin mucho entusiasmo y cuando caía la tarde invitó al ratoncito de campo para que lo acompañara en su viaje de vuelta a la ciudad.

¿Creen qué al ratón del campo le gustará la ciudad? ¿Por qué?

Orgulloso y muy alegre, el ratón ciudadano le mostraba a su amigo las calles, las plazas y las hermosas mansiones del barrio en el que vivía. Por fin llegaron a una casa rodeada de árboles, que se levantaba en medio de un parque. El ratón campesino nunca había visto nada tan suntuoso y le dijo asombrado:

—¡Tú vives en un verdadero castillo!

Ya en la confortable mansión, el ratón de la ciudad convidó a su amigo con unos deliciosos manjares que había sobre la mesa del comedor.

Explique a los niños que *suntuoso* quiere decir grande y lujoso.

Ya ves, —le decía orgulloso— todos los días yo saboreo quesos, frutas y pasteles. Aquí nunca me falta nada.

Pero no pudo terminar la frase. De pronto un horroroso gato se abalanzó sobre los dos compinches y estiró sus enormes garras para atrapar a los ratoncitos.

Explique a los niños que *manjares* es una comida deliciosa y especial.

Los dos amigos soltaron el trozo de queso que tenían en la mano y, sin pensarlo más, salieron corriendo hacia un rincón de la habitación. Allí se escondieron temblorosos y esperaron en silencio a que se fuera el terrible enemigo. Cuando se repusieron del susto, el ratón de campo fue el primero en hablar:

—Me vuelvo a mi viejo zapato, —dijo a su amigo ciudadano— aquí con el miedo se me fue el apetito. A tus festines

¿Qué creen que le sucederá a los ratones?

¿Por qué el ratón de campo decide que es mejor volver a su viejo zapato?

de rey, yo prefiero mis granos y mis nueces.

Y sin decir más se fue en busca de su tranquilo retiro campestre.

Cuando salió el sol, a la mañaná siguiente, los primeros rayos encontraron al ratoncito de campo recostado sobre las hojas de una planta de maíz. Corría una suave brisa y, como el sol no lo dejaba dormir a gusto, se puso un trozo de hoja sobre la cabeza, como si se tratara de un lujoso sombrero. Así durmió tranquilamente, hasta que, ya avanzada la mañana, sació su apetito con los granos de un hermoso choclo que tenía cerca de la mano.

1. ¿En qué se diferencian el campo y la ciudad? (Permita que los niños expresen sus opiniones.)

2. ¿Dónde preferirían vivir ustedes? ¿Por qué? (Permita que los niños expresen sus opiniones.)

Dailan Kifki

María Elena Walsh (adaptación)

Propósito al escuchar la lectura: Escuchar para participar en conversaciones y discusiones.

Sugerencia para leer en voz alta: Lea el cuento con un tono de asombro.

El jueves yo salía tempranito a pasear mi malvón por la vereda, como todos los jueves, cuando al abrir la puerta ¡zápate! ¿Qué es lo que vi? El zaguán bloqueado por una enorme montaña gris que no me dejaba pasar.

> Explique a los niños que *malvón* es un perro y que *zaguán* es la entrada de la casa.

¿Qué hice? La empujé. Sí, empujé la montaña y conseguí sacarla de la vereda. Y allí vi, creyendo soñar, que la montaña era nada menos que un elefante. ¿Se dan cuenta? ¡Un elefante!

Ya iba a gritar pidiendo socorro cuando me fijé que el animalote tenía una enorme carta colgada de una oreja. En el sobre estaba escrito mi nombre con letras muy grandes, de modo que lo abrí, y esto era lo que decía, escuchen bien:

> ¿Por qué la niña dice que el elefante era como una *montaña* gris?

"Estimada señorita:
Yo me llamo Dailan Kifki y le ruego que no se espante porque soy un elefante. Mi dueño me abandona porque ya no puede darme de comer. Confía en que usted, con su buen corazón, querrá cuidarme y hacerme la sopita de avena. Soy muy trabajador y cariñoso y, en materia de televisión, me gustan con locura los dibujos animados."
¡Imagínense!
¿Se imaginaron?

> ¿Qué creen que dirá la carta?

¿Se imaginan el problema?

Uno puede encontrar un gato abandonado en un umbral, puede encontrar un perro, una cucaracha, una hormiga extraviada…, ¡hasta un bebé con pañal y alfiler de gancho! Todo, menos un elefante.

A mí me daba no sé qué dejarlo abandonado y hambriento, y al mismo tiempo, aunque mi casa es grande, no sabía bien dónde ponerlo ni qué iban a decir mi familia y los vecinos.

De todas maneras, decidí recogerlo por unos días hasta encontrarle mejor ubicación… Ustedes hubieran hecho lo mismo, ¿verdad?

Explique a los niños que *ubicación* significa lugar.

1. **¿Por qué es un problema para la niña encontrarse un elefante en la puerta de la casa?** (Las respuestas variarán: porque no puede salir de la casa; es muy grande; no lo puede alimentar.)

2. **¿Creen que es posible encontrar un elefante en la puerta de la casa? ¿Por qué?** (Permita que los niños expresen su opinión.)

Lilí, Loló y Lulú

por Alma Flor Ada

Propósito al escuchar la lectura: Escuchar críticamente para interpretar y evaluar.

Sugerencia para leer en voz alta: Lea el cuento con un tono asustado para Lilí y Lulú.

Lilí y Lulú subieron muy decididas por el tronco del árbol.

Iban a la cocina de la casa grande. Conocían muy bien el camino y sabían qué iban a buscar: granitos de azúcar y migas de pasteles y pan.

Cada día recorrían el mismo camino, desde su hormiguero: por el caminito del jardín hasta el tronco del árbol. Luego, trepaban el tronco y avanzaban por las ramas hasta llegar a la pared.

Hoy, al llegar a la grieta esperaron un ratito, no sólo para descansar, sino para darse ánimo.

—¡Es tan oscuro! —dijo Lilí.

—¡Y tan retorcido! —confirmó Lulú.

—Sí, pero después, ¡qué rico huele! —la animó Lilí.

—A galletitas y a pan fresco. ¿Vamos? —respondió Lulú.

—¡Vamos! —dijeron las dos a la vez. Y entraron decididas por la ranura.

Al salir al otro lado, a la luz de la cocina, volvieron a detenerse.

¡Qué olor tan raro se sentía! No era el olor dulce de los granitos de azúcar que cada día recogían.

Tampoco olía a galletitas ni a pan dorado.

Muy preocupadas, las dos hormiguitas miraron la caja que estaba en el piso de la cocina. Era una caja azul muy grande y de ella salía aquel olor tan raro. ¿Sería insecticida?

> Explique que *grieta* es una ranura en la pared.

Estaban tan asustadas que regresaron al hormiguero sin los granitos de azúcar ni las migas de pasteles y pan.

> ¿Qué creen que hay dentro de la caja?

Todo el verano las hormiguitas habían ido y venido de la cocina al hormiguero. Ya tenían casi llena la despensa. Pero ahora, ¿qué harían?

Explique que *despensa* es un lugar donde se guardan alimentos.

No se atrevían a volver a la cocina por el miedo que les daba la caja. Se acordaban de Lelo, el hormiguito que comió un polvo desconocido y nunca más volvió al hormiguero.

Sólo de pensarlo les temblaban las antenas y se les enredaban los tres pares de patitas.

¿Y si no era insecticida? ¿Se iban a perder las deliciosas miguitas de pastel?

—Preguntémosle a Loló —dijo Lilí.

Escuchen atentamente para ver quién es Loló.

—¡Qué buena idea! —contestó Lulú—. Loló sabrá decirnos si es peligroso o no el olor que sale de la caja.

Loló vivía en el hormiguero vecino. Había viajado mucho y sabía leer. Además era bilingüe. Hablaba hormigués, que es el idioma de las hormigas. Y además, hablaba el lenguaje de las personas. ¡Seguramente ella podría ayudarlas!

Lilí y Lulú se dirigieron al hormiguero vecino.

Loló las recibió muy atenta, con la cabecita de costado y las dos antenas muy tiesas, para oír mejor.

Cuando Lilí y Lulú terminaron de hablar, Loló dibujó un mapa del camino, hizo algunas preguntas y se echó a andar.

¿Por qué podrá Loló descubrir lo que hay en la caja?

El camino era largo, larguísimo. Loló trepó cinco piedras, cruzó un caminito, navegó por un charquito en una hoja seca y, ¡por fin!, llegó al tronco del árbol grande.

Loló se sentó, comió algunos mordiscos de flores y bebió una gota de rocío.

Luego, decidió descansar un rato y se echó debajo de una matita.

Cuando se despertó, empezó a subir: primero por una raíz y luego por el tronco.

Arriba, más arriba, hasta las ramas.

Llegó hasta la punta de la ramita delgada y caminó por el borde de la hoja nueva que llegaba hasta la ventana.

Allí se llenó de valor y entró por la rendija de la pared: parecía un túnel largo, oscuro y retorcido.

Al salir al otro lado, Loló vio la caja.

Grande y azul, bajo la luz de la cocina, brillaba y... ¡olía!

Loló olió y volvió a oler: estaba segura que no era insecticida...

Loló leyó la etiqueta de la caja azul. Y se convenció de que Lilí y Lulú tendrían que ir a buscar la comida en otra parte.

La etiqueta decía: ¡Trátese con cuidado! Contiene un oso hormiguero.

Esta cocina se había convertido en un lugar muy peligroso.

> ¿Saben qué come un oso hormiguero?

1. **¿Por qué se asustaron las hormiguitas con la caja que encontraron en la cocina?** (Olía diferente y no sabían qué había adentro.)

2. **¿Cómo pudo descubrir Loló lo que había en la caja?**
   (Leyó la etiqueta.)

Un poquito a la vez

por David A. Adler

PROPÓSITO AL ESCUCHAR LA LECTURA: Escuchar para obtener información y disfrutar.

SUGERENCIA PARA LEER EN VOZ ALTA: Lea con un tono amoroso y paciente para el abuelo y preguntón para el niño.

> Escuchen atentamente para ver qué aprende este niño con su abuelo.

—¿Cómo se hizo tan alto ese árbol, Abuelito? —pregunté—. ¿Cómo se hizo tan alto?

—Cuando empezó, era una semilla. Después la semilla creció y creció. Crecía un poquito a la vez —dijo Abuelo.

—¿Por qué soy tan pequeño? —pregunté.

—Hace tiempo yo era pequeño como tú —dijo Abuelo—. Crecerás. No crecerás tan alto como ese árbol. Crecerás como yo, un poquito a la vez.

—¿Cómo se hizo tan grande este pueblo? ¿Por qué son tan altos los edificios, Abuelito? —pregunté.

—Todos los edificios eran pequeños. Llegó más gente al pueblo. Esta gente necesitaba dónde vivir. Hicieron algunos de los edificios pequeños más altos. Como ves, un pueblo crece un poquito a la vez —dijo Abuelo.

—Abuelito —pregunté— ¿por qué está tan sucia la calle? ¿Siempre ha sido así?

> ¿Por qué las calles se ensucian tanto?

—Mucha gente tira basura allí —dijo Abuelo—. Por la mañana, por la tarde y por la noche. Esta calle se ensucia un poquito a la vez.

—Mira todos estos escalones, Abuelito.

¡Ve qué tan aprisa llego arriba! —le dije.

—Si corres, me quedo atrás. Camina como yo camino, un poquito a la vez —dijo Abuelo.

—Abuelito, ¿qué es esto? —le pregunté.

—Esos son huesos de dinosaurios. Se tomó mucho tiempo en juntar los huesos de los dinosaurios. Algunas personas hallaron los huesos. Excavaron, los sacaron y los lavaron.

Escuchen atentamente para ver las diferentes maneras en que suben los escalones el niño y el abuelo.

Luego trataron de formar el dinosaurio.
Sabían dónde iba cada hueso.
Era un trabajo difícil —dijo Abuelo.

Explique que *excavar* es hacer un hoyo en la tierra.

—Yo sé cómo lo hicieron, Abuelito —le dije—.
¡Lo hicieron un poquito a la vez!

—¿Cómo aprendiste tanto, Abuelito? —le pregunté.

—¡Soy como tú! Hago muchas preguntas. He aprendido un poquito a la vez. Sigo preguntando y sigo aprendiendo. Aprendo un poquito a la vez. Ahora es tiempo de irnos a la casa —dijo Abuelo.

—¿Por qué se hizo tan tarde, Abuelito? —le pregunté.

—¡Tú sabes la respuesta! —dijo Abuelo—. El día se pasó un poquito a la vez.

1. **¿Por qué el niño le hacía muchas preguntas al abuelo?**
(El niño quería aprender; saber el porqué de las cosas.)

2. **¿Cómo aprendió el abuelo tantas cosas?** (preguntando; haciendo preguntas)

ALEXANDER, QUE DE NINGUNA MANERA — ¿LE OYEN? — ¡LO DICE EN SERIO! — SE VA A MUDAR

por Judith Viorst

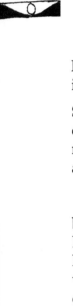

PROPÓSITO AL ESCUCHAR LA LECTURA: Escuchar para obtener información y resolver problemas.

SUGERENCIA PARA LEER EN VOZ ALTA: Al principio lea el cuento con un tono de terquedad y coraje por tener que mudarse; luego de tristeza al despedirse y de aceptación al final.

No pueden obligarme a empaquetar mi guante de béisbol ni mi camisa de entrenamiento de AMO A LOS DINOSAURIOS ni mis botas de vaquero. No me pueden hacer empaquetar mis patines de hielo, mis pantalones vaqueros con ocho cremalleras, mi brújula, mi radio o mi cerdo de peluche. Mi papá está empaquetando. Mi mamá está empaquetando. Mis hermanos Nick y Anthony están empaquetando.

Yo no estoy empaquetando. Yo no me voy a mudar.
Mi papá dice que nos tenemos que mudar a donde está su nuevo empleo. Ese empleo está a mil millas. Mi mamá

> Explique a los niños que *empaquetar* es hacer un paquete o bolso.

dice que nos tenemos que mudar a donde está nuestra nueva casa. Esa casa está a mil millas. En la casa de al lado vive un chico de la edad de Anthony, y un poco más allá en la misma calle vive un chico de la misma edad de Nick.

No hay nadie de mi edad en la casa de al lado ni en la misma calle y quizá ni en mil millas.

De ninguna manera—¿ME OYEN?—¡LO DIGO EN SERIO!—me voy a mudar.

Nunca más tendré un mejor amigo como Paul. Nunca más tendré alguien que me cuide como Rachel. Nunca más tendré mi equipo de fútbol ni el grupo para viajar juntos en el carro. No tendré chicos que me conozcan, salvo mis hermanos, y a veces *ellos* no quieren conocerme.

Yo no voy a empaquetar. Yo no me voy a mudar.

Nick dice que soy tonto y que me deberían hacer un trasplante de cerebro. Anthony dice que soy inmaduro. Mi mamá y mi papá dicen que después de un tiempo me acostumbraré a vivir a mil millas de todo.

Nunca. Jamás. De ninguna manera. Ni hablar. N.O.

¿Por qué Alexander no se quiere mudar?

Quizá me pudiera quedar y vivir con los Baldwins. Tienen un perro.

Siempre he querido tener un perro.

Quizá me pudiera quedar y vivir con los Rooneys. Tienen seis niñas. Siempre han querido tener un niño.

Quizá me pudiera quedar y vivir con el Sr. y la Sra. Oberdorfer. Siempre regalan cosas magníficas el Día de las Brujas.

Me podría quedar y vivir solo quizá en una casita en un árbol o quizá en una tienda de campaña o quizá en una cueva.

Escuchen lo que Alexander quiere hacer para no mudarse.

Nick dice que podría vivir en el zoológico con todos los demás animales. Anthony dice que soy inmaduro. Mi papá

¿Podría Alexander quedarse y vivir solo? ¿Por qué?

dice que debo de ir a ver por última vez mis lugares favoritos.

Los iré a ver, pero no será por última vez.

Miré al techo de los Rooneys donde me trepé una vez pero luego no me pude bajar hasta que vinieron los bomberos y me ayudaron. Miré a la Farmacia de Pearson, donde dicen que mi mamá una vez tuvo que pagar ochenta dólares cuando tiré al aire una pelota que casi pesqué.

Miré al terreno cerca de la casa de Albert, donde aprendí de una vez y por todas lo que es hiedra venenosa.

Miré a mi escuela, donde hasta la Sra. Knoop, la maestra sobre la cual una vez derramé una pecera, dice que me va a extrañar.

Miré a mis lugares preferidos, donde han ocurrido un montón de cosas diferentes—no sólo diferentes, pero diferentes en el buen sentido.

Como ganar la carrera de sacos.

Como encontrar aquella linterna.

Como escupir más lejos que Jack tres veces seguidas.

Como vender tanta limonada que mi papá dijo que probablemente tendría que pagar impuestos. Mi papá sólo estaba bromeando sobre tener que pagar impuestos. Ojalá que sólo estuviera bromeando sobre tenernos que mudar.

De ninguna manera—¿ME OYEN?—¡LO DIGO EN SERIO!—me voy a mudar.

Nick dice que estoy actuando como un cretino.

Anthony dice que soy inmaduro.

Mi mamá dice que les tengo que decir adiós por última vez a mis personas favoritas.

Les estoy diciendo adiós, pero no será por última vez.

Les dije adiós a mis amigos, especialmente a Paul, que es casi como tener otro hermano, excepto que no me dice cretino ni inmaduro.

Les dije adiós a mis vecinos, especialmente a Swoozie, que es casi como tener un perro propio, excepto que es el perro de los Baldwins, en lugar de ser mío.

Le dije adiós a Rachel que me enseñó a pararme de cabeza y a silbar con dos dedos, pero que dice que no trate de hacer ambos al mismo tiempo. Le dije adiós a la

¿Por qué la mamá le dice que tiene que *decir adiós por última vez* a sus personas favoritas?

Tintorería Seymour que—aunque sólo sea envolturas de goma de mascar o un diente viejo—me guardan todo lo que dejo en los bolsillos.

Les dije adiós a montones de gente y me dieron montones de abrazos y besos, tantos abrazos y besos como para que me alcancen para toda la vida. Dije adiós por montones, excepto que me voy a quedar aquí. Yo no me voy a mudar.

¿Por qué Rachel le dijo que no podía *pararse de cabeza y silbar con dos dedos* a la misma vez?

Cuando los de la mudanza vengan a poner los muebles de mi cuarto en el camión, quizá voy a hacer una barricada en la puerta de mi cuarto. Cuando mi papá quiera atar mi bicicleta a la parrilla sobre el techo de la camioneta, quizá voy a encerrar mi bicicleta y a enterrar la llave. Cuando mi mamá diga: "Termina de empaquetar, que es hora de irnos," quizá me busque y no me encuentre.

Conozco escondites donde nunca me encontrarán.

Escuchen con atención para ver qué va a hacer Alexander para que no lo encuentren.

Como detrás de las hileras de ropa en la Tintorería Seymour. Como debajo del piano en el sótano de Eddie. Como dentro del barril de pepinillos en el Mercado Friendly. O quizá pudiera esconderme entre las malas hierbas en el terreno al lado de la casa de Albert, ahora que sé distinguir la hiedra venenosa.

Prefiero tener una erupción provocada por la hiedra venenosa que tenerme que mudar.

Explique a los niños que *erupción* se refiere a manchas o ronchas que salen en la piel.

Mi papá dice que quizá me tome algún tiempo pero que encontraré otro equipo de fútbol.

Dice que quizá me tome algún tiempo pero que encontraré chicos de mi edad.

También dice que, a veces, cuando una persona se muda, es posible que su padre le deje tener un perro para que sea su amigo hasta que encuentre amigos personas. Yo creo que Swoozie Segundo sería un buen nombre.

Mi mamá dice que quizá tome algún tiempo pero que encontraremos una persona estupenda para cuidarme. Dice que quizá tome algún tiempo pero que encontraremos una tintorería donde guarden hasta las envolturas de goma de mascar y los dientos viejos. Dice también que, algunas veces, cuando una persona se muda, es posible que su madre le deje llamar a su mejor amigo por larga distancia. Yo ya me sé el número de teléfono de memoria.

¿Por qué Alexander se sabe ese número de memoria?

Paul me dio una gorra de béisbol. Rachel me dio una mochila que brilla en la oscuridad. El Sr. y la Sra. Oberdorfer nos dieron cosas deliciosas para comer por mil millas. Nick dice que si me siento solo en mi cuarto nuevo, quizá me deje dormir con él por un tiempo.

Anthony dice que Nick está siendo maduro.

Mi papá está empaquetando. Mi mamá está empaquetando. Mis hermanos Nick y Anthony están empaquetando. A mí no me gusta nada, pero estoy empaquetando también.

¿Por qué Alexander está empaquetando ahora?

Mejor que no se les ocurra mudarse de nuevo cuando lleguemos a donde vamos.

Porque ésta es la última vez que lo hago.

La próxima vez no podrán convencerme.

Nunca. Jamás. De ninguna manera.

Ni hablar. N.O.

De ninguna manera—¿ME OYEN?—¡LO DIGO EN SERIO!—me voy a mudar.

1. **¿Qué problema tenía Alexander?** (No quería mudarse.)

2. **¿Por qué Alexander no quería mudarse?** (Porque no quería perder a sus amigos ni dejar sus lugares favoritos.)

3. **¿Por qué al final acepta mudarse?** (Las respuestas variarán: lo convencieron, sabe que no se puede quedar solo.)

La liebre y la tortuga

Fábula de Esopo
Adaptación de María Eulalia Valeri

PROPÓSITO AL ESCUCHAR LA LECTURA: **Escuchar y reaccionar apropiadamente a un clásico de la literatura infantil.**

SUGERENCIA PARA LEER EN VOZ ALTA: **Lea con un tono de voz pausado para la tortuga y rápido y presumido para la liebre.**

Un buen día, en las afueras de Motril, se encontraron una tortuga y una liebre.
La tortuga iba pasito a paso, movía una pata, después la otra, iba... a paso de tortuga.

¿Qué quiere decir que *vas a paso de tortuga?*

La liebre, por el contrario, iba saltando y corriendo como una loca.

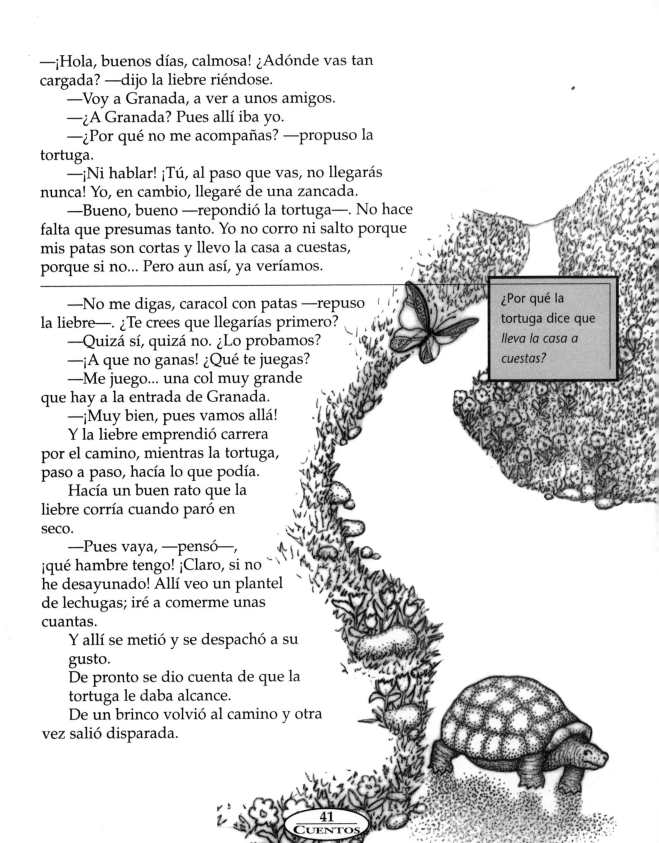

—¡Hola, buenos días, calmosa! ¿Adónde vas tan cargada? —dijo la liebre riéndose.

—Voy a Granada, a ver a unos amigos.

—¿A Granada? Pues allí iba yo.

—¿Por qué no me acompañas? —propuso la tortuga.

—¡Ni hablar! ¡Tú, al paso que vas, no llegarás nunca! Yo, en cambio, llegaré de una zancada.

—Bueno, bueno —repondió la tortuga—. No hace falta que presumas tanto. Yo no corro ni salto porque mis patas son cortas y llevo la casa a cuestas, porque si no... Pero aun así, ya veríamos.

—No me digas, caracol con patas —repuso la liebre—. ¿Te crees que llegarías primero?

—Quizá sí, quizá no. ¿Lo probamos?

—¡A que no ganas! ¿Qué te juegas?

—Me juego... una col muy grande que hay a la entrada de Granada.

—¡Muy bien, pues vamos allá!

Y la liebre emprendió carrera por el camino, mientras la tortuga, paso a paso, hacía lo que podía.

Hacía un buen rato que la liebre corría cuando paró en seco.

—Pues vaya, —pensó—, ¡qué hambre tengo! ¡Claro, si no he desayunado! Allí veo un plantel de lechugas; iré a comerme unas cuantas.

Y allí se metió y se despachó a su gusto.

De pronto se dio cuenta de que la tortuga le daba alcance.

De un brinco volvió al camino y otra vez salió disparada.

> ¿Por qué la tortuga dice que *lleva la casa a cuestas?*

¿Será una buena idea que la liebre se pare a comer lechugas?¿Por qué?

¿Por qué creen que la tortuga no se paró a comer las lechugas?

Explique a los niños que *Lanjarón* es un pequeño pueblo de España en el camino a Granada.

Era mediodía y el sol pegaba fuerte.

Hacía mucho calor.

La liebre, después de correr un rato, cansada y sudando la gota gorda, se detuvo en una fuente.

Y, muerta de sed, se puso a beber agua. Luego se sentó al pie de un gran roble a reposar.

Estaba tan a gusto que se quedó dormida como un lirón.

Mientras tanto, la tortuga seguía andando, andando sin parar.

Vio aquellas lechugas tan tiernas, pero siguió adelante.

Tanto caminó que ya se acercaba a la fuente en que dormía la liebre.

Ésta, de repente, despertó.

—¡Qué bien he dormido! —decía mientras se estiraba—. Pero, ¿qué veo? La tortuga ya está aquí. ¡Esto no puede ser!

Y de un salto se puso a correr otra vez.

Ocurría todo esto cerca de Lanjarón. Al llegar allí la liebre se dijo:

—Ahora ya no hace falta correr. Seguro que la tortuga se quedará aquí a dormir y como ahora el camino ya todo es cuesta arriba, mañana andará muy poco.

Y aprovechando que tenía unos parientes por allí se quedó a cenar y a dormir con ellos.

Por la mañana temprano siguió su camino.

De vez en cuando volvía la cabeza por si veía a la tortuga.

Como no la veía por ningún lado, decía riendo:

—¡Pobrecita tortuga! ¡mira que quererme ganar a mí!

Al atardecer la liebre llegó a las puertas de Granada.

—¡Madre mía! —se dijo—. ¿Dónde estará aquella col tan grande?

Y empezó a mirar y a mirar y ya no sabía por dónde buscar cuando oyó una voz que le decía:

—Querida liebre, ¿has perdido algo?

¿Por qué la liebre *volvía la cabeza y se reía?*

Era la tortuga, que muy tranquila se estaba comiendo la col, una hoja detrás de otra.

Mientras la liebre cenaba y dormía en casa de sus parientes, la tortuga había seguido andando, andando sin parar.

Y así fue como llegó la primera a Granada.

¿Por qué la tortuga le pregunta a la liebre si ha perdido algo?

1. **¿Por qué la tortuga le ganó la carrera a la liebre?** (Por su persistencia; sabía que era lenta y nunca paró de caminar.)

2. **¿Qué lección aprendió la liebre cuando perdió la carrera?** (Anime a los niños a expresar sus opiniones.)

Explique a los niños que esta selección es una fábula, un tipo de cuento que nos enseña una lección.

El león y el chapulín

por Alma Flor Ada

Hace muchos años los únicos que vivían en la Tierra eran los animales.

El león era el rey de todos los animales. Era orgulloso y egoísta. Todos le tenían miedo.

Una mañana el león salió de su cueva.

Era una mañanita fresca. Y llena de sol. Pero el león iba de mal humor.

Rugía muy fuerte:

—Ya es hora de que todos los animales se den cuenta de que soy el rey.

¡Que vengan a saludarme!

El águila lo vio. Y lo oyó. Y salió volando a avisar a todos los animales:

—¡Corran! ¡A esconderse! ¡Que viene el león!

Todos los animales se escondieron. Todos... menos uno.

¿Por qué se dice que el león era el rey de todos los animales?

El chapulín cantaba contento mientras trabajaba en su jardín.

Y, entretenido con su canto, no oyó al águila.

El león no encontró a ningún animal. Pero oyó el canto del chapulín. Y fue a buscarlo.

¿Por qué los animales se escondieron cuando oyeron al águila?

—¡Qué insolente eres! —le dijo el león—. ¡Estás cantando en tu jardín, en lugar de venir a saludarme! ¡Ahora verás cómo te castigo!

—Lo siento mucho, señor León —dijo el chapulín—. Yo no quería ofenderlo.

—Voy a darte una oportunidad —le dijo el león—. Vamos a hacer una carrera. Si llegas antes que yo a la piedra grande, te perdonaré. Pero si no...

¿Qué le pasará al chapulín?

El chapulín estaba muy asustado. Pero también estaba pensando.

—Bien, vamos a correr —contestó el chapulín.

El león contó:

—Uno, dos y... ¡tres!

Al decir "tres" el león se echó a correr. El chapulín saltó a la cola del león.

Desde la cola el chapulín fue saltando y saltando. Hasta sentarse en la cabeza del león.

¿Quién creen que ganará la carrera?

¿Por qué el león no se da cuenta dónde va el chapulín?

El león corría y corría. De vez en cuando miraba atrás.

—¡Qué chapulín tan lento! —pensaba—. ¡No sabe correr! ¡Nunca me va a alcanzar!

El león estaba llegando a la piedra grande. Volvió la cabeza para ver si veía al chapulín.

En ese momento, el chapulín dio un salto. Y cayó sobre la roca. Se sentó y empezó a cantar.

Cuando el león se volvió, el chapulín le dijo:

—Bienvenido, señor León.

El león, muy avergonzado, se marchó a su cueva.

¿Por qué el león se sentía muy avergonzado?

Y el chapulín se quedó cantando y cantando... y todavía no termina de cantar.

¿Lo has oído tú alguna vez?

1. **¿Qué problema tenía el chapulín?** (Tenía que ganarle la carrera al león.)

2. **Si el león era grande y el chapulín pequeño, ¿cómo pudo el chapulín ganar la carrera?** (Fue más listo.)

El naranjo que no daba naranjas

por Zoraida Vázquez y Julieta Montelongo

PROPÓSITO AL ESCUCHAR LA LECTURA: Escuchar críticamente para interpretar y evaluar.

SUGERENCIA PARA LEER EN VOZ ALTA: Use un tono de preocupación y ansiedad para Muome y uno cansado para el árbol.

Era el tiempo de la seca. Muome se sentía triste, porque el naranjo ya no daba naranjas. Muome se sentaba a la sombra del árbol y miraba hacia las ramas. "Si observo con atención —pensaba— quizá descubra alguna naranja."

Pero nada. Ni un solo fruto había en las secas ramas del árbol.

El sol brillaba cada vez con más fuerza. La madera del naranjo crujía y Muome tenía los labios resecos.

Cuando cerraba los ojos, imaginaba que una naranja caía sobre su cabeza. Soñaba que la abría y brotaba mucho jugo. Muome y su perrita bebían el jugo. ¡Pero qué triste se sentía al despertar!

—¿Cuándo podré comer una naranja? —preguntó Muome a su madre—. Ya he olvidado su sabor.

—¡Yo no sé! —respondió su madre—. Ese árbol no quiere darnos sus frutos.

El padre de Muome, por su parte, decía impaciente:
—Es tonto tener un naranjo que no da naranjas.

> Explique que *crujir* es el ruido que hace la madera cuando se va a romper.

> ¿Por qué creen que el árbol no daba naranjas?

La familia de Muome tenía un pozo con suficiente agua, pero no querían gastarla en un naranjo que no daba naranjas.

¿Por qué la familia de Muome no le echaba agua al árbol?

Un día, Muome se acercó al árbol y le preguntó:
—¿Por qué tienes esa cara?
—Porque no me das agua.
—¿Y cómo te voy a dar agua si no me das naranjas?
—No te daré naranjas si tú no me das agua —replicó el árbol.

¿Creen que Muome le dará agua al árbol?

Muome regresó a su casa. "Si no le doy agua —meditó— nunca me dará naranjas. ¿Quién deberá empezar?" Muome sacó agua del pozo y regó el naranjo.

El árbol dio grandes y jugosos frutos que Muome disfrutaba con una gran sonrisa en la boca.

1. **¿Por qué Muome decide por fin echarle agua al árbol?**
(Para que le diera naranjas; porque decidió ser ella quien diera el primer paso.)

2. **¿Qué hubiera pasado si Muome no hubiera regado el árbol de naranjo?** (El árbol no habría dado naranjas; se habría muerto; se habría secado.)

Otro misterio: ¿Por qué el perro mueve la cola?

por Julia Calzadilla

PROPÓSITO AL ESCUCHAR LA LECTURA: Escuchar para obtener conocimiento del folklore cubano.

SUGERENCIA PARA LEER EN VOZ ALTA: Abra y cierre las manos para representar el movimiento de las orejas cuando lea la parte donde faltan sílabas. Para los otros saludos mueva los ojos, levante un pie y use el índice de su mano para indicar el movimiento del rabo.

Tití Carmen tenía una caja mágica que estaba repleta de cuentos. Un día, Chirri y sus compañeros la vieron sobre una mesa, de esas antiguas que tienen muchos adornos y que siempre estaba brillosa como los tomates recién lavados. Cogieron la lupa que utilizaban para buscar huellas y se pusieron a examinarla. En eso llegó la anciana y al verlos les preguntó sonriendo:

—¿Les gusta?

—Sí, mucho —respondieron los tres—. ¿Qué tiene dentro?

—Cuentos —dijo ella—. Cuentos muy interesantes y maravillosos.

—¿Como cuáles? —exclamó Chirri intrigado.

—Pues como el que narra la historia de por qué los perros mueven la cola. ¿Quieren oírlo?

> Explique a los niños que una *lupa* es un lente para ver más grandes las cosas pequeñas.

Los detectives dijeron que sí inmediatamente.

—Yo siempre quise saber por qué lo hacían —explicó Carriolina.

> ¿Por qué los perros mueven la cola?

—Y yo también —añadió Grandulónnn.

—Entonces siéntense y escuchen... —dijo Tití Carmen mientras se acomodaba en su sillón de rejilla:

"Hace muchísimo tiempo, cuando el mundo todavía gateaba como los niños pequeños, todos los perros del mundo se reunieron para decidir cuál era la mejor forma de saludar a la gente. Como no sabían hablar el idioma de las personas, uno de ellos propuso mover las orejas, pero después de ensayar varias veces comprobaron que al subirlas y bajarlas perdían una parte de la conversación, porque no podían oír bien todo lo que se decía. Y co- se die- cuen- que ese salu- no era el más apropia-, buscaron otro modo de hacerlo: mover los ojos de un lado a otro.

> ¿Por qué a los perros no les gustó mover las orejas para saludar?

Pero eso no dio resultado, pues les daba mareo y si los abrían y cerraban veían algo así como unas ventanas iluminadas y otras apagadas, y sólo se enteraban a medias de lo que estaba sucediendo. Después pensaron que quizás podrían saludar levantando una pata.

Tampoco fue posible. Al caminar, dos o tres patas estaban en el aire, y cuando corrían a toda velocidad, ninguna de las cuatro tocaba el suelo.

Quedaba la cola, moviéndose como un abanico, como un rehilete, como la corbata de un reloj de pared, espantando las moscas y sacudiendo el polvo.

> Explique que *rehilete* es una flecha pequeña que se usa para tirar al blanco.

Al fin llegaron a un acuerdo.

Por eso, cuando un perro se encuentra con alguna persona conocida, no sube ni baja las orejas, ni abre ni cierra los ojos, ni levanta una pata. Le echa fresco al viento y así demuestra que está alegre."

1. **¿De qué otra manera nos podrían saludar los perros?**
   (Ladrando, lamiendo, saltando.)

2. **¿Están de acuerdo con que el perro mueve la cola sólo para saludar a la gente? ¿Por qué?** (Las respuestas variarán.)

¿Por qué el conejo tiene las orejas tan largas?

por Zoraida Vázquez y Julieta Montelongo

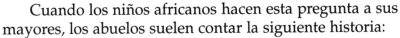

PROPÓSITO AL ESCUCHAR LA LECTURA:
Escuchar para conocer un cuento tradicional de la cultura africana.

SUGERENCIA PARA LEER EN VOZ ALTA:
Lea con voz cariñosa como la de los abuelos contando un cuento a sus nietos.

Cuando los niños africanos hacen esta pregunta a sus mayores, los abuelos suelen contar la siguiente historia:

Había en la selva un conejo muy glotón. Una vez, su amigo el venado le comentó:

—Hoy tengo una fiesta, pero siento no poder invitarte, pues sólo podrán entrar animales con cuernos.

El conejo empezó a imaginarse la suculenta comida que darían en la fiesta, y sobre todo se le antojó una buena rebanada de pastel. De repente, dijo a su amigo venado:

—No te apures. Yo buscaré la forma de colarme a tu fiesta. Me encantan las fiestas, especialmente cuando no me han invitado.

> Explique que *glotón* quiere decir que come mucho.

> ¿Cómo podrá el conejo entrar a la fiesta?

¿Por qué algunos animales miraron al conejo con desconfianza?

El conejo se fue pensando, hasta que tropezó con un animal muerto, ¡que tenía cuernos! Se los quitó y los pegó con cera sobre sus pequeñas orejas y se marchó rumbo a la fiesta.

En la entrada, algunos animales lo miraron con desconfianza, pero finalmente lo dejaron pasar.

El conejo bailaba feliz con sus flamantes cuernos, pero el sol comenzó a calentar y, después de un rato, la cera empezó a derretirse.

Los cuernos cayeron al suelo y los animales cornudos rodearon al conejo, buscando una buena forma de reprenderlo.

Escuchen para ver cómo los animales de la fiesta reprenden al conejo.

Entonces, uno de ellos le jaló las orejas y se retiró. Después se las jaló otro, y luego otro.

Todos los asistentes a la fiesta le jalaron las orejas al conejito.

Y tanto se las jalaron que quedaron largas, largas, largas.

1. **¿Creen que el conejo hizo bien haciendo trampa para entrar a la fiesta? ¿Por qué?** (Permita que los niños expresen sus opiniones.)

2. **¿Creen que es verdad que el conejo tiene las orejas largas por ser tramposo?** (Permita que los niños expresen sus opiniones.)

Sopa de
PIEDRA

por Ann McGovern

**PROPÓSITO AL ESCUCHAR LA LECTURA: Escuchar el cuento para
obtener información y resolver problemas.**

**SUGERENCIA PARA LEER EN VOZ ALTA: Lea el cuento con un
tono astuto para el muchacho y de asombro para la viejita.**

Un muchacho estaba caminando.

Ayude a los niños
a establecer un
propósito para
escuchar el
cuento.

Caminaba y caminaba.
Había caminado toda la noche.
Y había caminado todo el día.

Estaba cansado. Y tenía hambre.

Después de mucho caminar, llegó
a una gran casa.
—¡Qué hermosa casa! —exclamó—.
Seguro que allí hay mucha comida
para mí.

Llamó a la puerta.

Una viejita abrió la puerta.
—Buena señora —dijo el muchacho—,
tengo mucha hambre.
¿Puede darme algo de comer?

No tengo nada para ofrecerte
—respondió la viejita—.
No tengo nada en la casa.
No tengo nada en la huerta.
Y empezó a cerrar la puerta.

—¡Espere! —dijo el muchacho —.

Si no puede darme nada de comer,
¿podría darme una piedra?

Si el muchacho tiene hambre ¿para qué creen que pide una piedra?

—¿Una piedra? —preguntó la viejita—.
¿Y qué vas a hacer tú con una piedra?
¡No te puedes comer una piedra!

—Bueno —contestó el muchacho—.
Yo puedo hacer sopa de piedra.

La verdad es que la viejita jamás había oído nada
semejante.
¿Hacer sopa de piedra?
¡Qué ocurrencia!

Explique que una *ocurrencia* significa en este caso una idea original.

—En el camino encontrarás piedras
—dijo la viejita.

El muchacho agarró una piedra redonda y gris.
—Con esta piedra haré una sopa deliciosa
—dijo él—. Ahora préstame una olla.

La viejita agarró una olla.
—Llene la olla de agua y póngala al fuego
—dijo el muchacho.

La viejita hizo lo que el muchacho le pidió.
Al poco rato, el agua empezó a hervir.

El muchacho echó la piedra redonda y
gris en la olla.
—Ahora hay que esperar a que la
piedra se cocine y se haga la sopa
—dijo él.

¿Cómo creen que va a quedar la sopa de piedra?

La sopa hervía y hervía.

—Se está haciendo rápido esta sopa
—dijo la viejita al rato.

—Sí, se está haciendo rápido
—contestó el hambriento muchacho—,
pero más rápido se haría con unas
cebollas amarillas.

Se fue entonces la viejita a la huerta y
volvió con unas cuantas cebollas
amarillas.

Echó en la olla
las cebollas amarillas,
junto a la piedra redonda y gris.

—Sopa de piedra —dijo la viejita—.
¡Qué ocurrencia!

Y la sopa hervía y hervía.

—Huele rica esta sopa —dijo la viejita al
rato.

—Sí, huele rica —contestó el
hambriento muchacho—, pero mucho
más rica olería con unas zanahorias.

Se fue entonces la viejita a la huerta y volvió
con todas las zanahorias que pudo cargar.

Y echó en la olla
las largas y finas zanahorias,
con las cebollas amarillas
y la piedra redonda y gris.

—Sopa de piedra —dijo la viejita—.
¡Qué ocurrencia!

Y la sopa hervía y hervía.

—Sabe rica esta sopa —dijo la viejita al rato.

—Sí, sabe rica —contestó el hambriento
muchacho—, pero mucho más rica sabría

¿Por qué el
muchacho dice
que la sopa olería
mejor con unas
zanahorias?

con unos huesos de res.

¿Qué creen que la viejita va a hacer ahora? ¿Por qué?

Se fue entonces la viejita y volvió con unos
jugosos huesos de res.

Y echó en la olla
los jugosos huesos de res,
con las largas y finas zanahorias,
las cebollas amarillas
y la piedra redonda y gris.

—Sopa de piedra —dijo la viejita—.
¡Qué ocurrencia!

Y la sopa hervía y hervía.

—Digna de un príncipe es esta sopa
—dijo la viejita al rato.

—Sí, digna de un príncipe es —contestó el
hambriento muchacho—, pero digna de
un rey sería con un poco de pimienta y una
pizca de sal.

¿Qué quiere decir qué la sopa es *digna de un rey?*

Se fue entonces la viejita y
volvió con sal y pimienta.

Y echó en la olla
un poco de pimienta
y una pizca de sal,
con los jugosos huesos de res,
las largas y finas zanahorias,
las cebollas amarillas
y la piedra redonda y gris.

—Sopa de piedra —dijo la viejita—.
¡Qué ocurrencia!

Y la sopa hervía y hervía.

—La sopa está un poco aguada

—dijo la viejita al rato.

—Sí, está un poco aguada —contestó el hambriento muchacho—, pero estaría más espesa con un poco de mantequilla y cebada.

Se fue entonces la viejita y volvió con mantequilla y cebada.

Y echó en la olla
la mantequilla y la cebada,
con el poco de pimienta y la pizca de sal,
los jugosos huesos de res,
las largas y finas zanahorias,
las cebollas amarillas
y la piedra redonda y gris.

—Sopa de piedra —dijo la viejita—.
¡Qué ocurrencia!

Y la sopa hervía y hervía.

—Sabe bien rica esta sopa —dijo la viejita al rato, después de volverla a probar.

—Sí —dijo el hambriento muchacho—. Digna de un rey es la sopa, así que ya podemos comérnosla.

—¡Espera! —dijo la viejita—. Si es digna de un rey, preparará la mesa como si fuese para un rey. Se fue entonces la viejita y trajo su mejor mantel y su vajilla más lujosa.

Y entonces la viejita y el hambriento muchacho se

> Explique que *cebada* es un cereal.

> Explique que la *vajilla* es el conjunto de platos, vasos y fuentes que se usan para comer en la mesa.

comieron toda la sopa...

¿Qué otras cosas además de la piedra tiene la sopa?

la sopa hecha con
mantequilla y cebada,
con un poco de pimienta
y una pizca de sal,
con jugosos huesos de res,
con largas y finas zanahorias,
con cebollas amarillas
y con la piedra redonda y gris.

—Sopa de piedra —dijo la viejita—.
¡Qué ocurrencia!

—Debo seguir mi camino —dijo el
muchacho.
Sacó la piedra de la olla y la metió en
su bolso.

—¿Por qué te llevas la piedra?
—le preguntó la viejita.

¿Por qué creen que el muchacho se lleva la piedra?

—Verá usted —contestó el muchacho—.
La piedra no está del todo cocida, así
que mañana tendré que cocerla un
poco más.

Y el muchacho se despidió.

Continuó el muchacho su camino.
Caminaba y caminaba.
—¡Qué estupenda cena comeré
mañana —se dijo a sí mismo.

¿Creen que el muchacho va a comer una estupenda cena al día siguiente? ¿Por qué?

Sopa de piedra. ¡Qué ocurrencia!

1. **¿Qué problema tenía el muchacho?** (Tenía hambre y la
viejita no quería darle comida.)

2. **¿Cómo logró el muchacho comer una sopa tan buena?**
(Motive a los niños a expresar sus opiniones.)

El mar

por Nicole Girón

PROPÓSITO AL ESCUCHAR LA LECTURA: Escuchar para obtener información y disfrutar.

SUGERENCIA PARA LEER EN VOZ ALTA: Lea con un tono de voz alegre y de admiración.

¡Qué grande es el mar, llega hasta el fondo del cielo!

Diga a los niños que van a hacer un viaje imaginario para conocer el mar y sus secretos.

¡Cómo se mueven sus olas, con su bonita cresta de espuma! Retumban al reventar en la playa y al estrellarse en la punta de los arrecifes.

El mar camina con la marea y más en las noches de luna llena.

Explique a los niños que *arrecifes* son las puntas de las rocas que salen del fondo del mar.

Cuando el mar está tranquilo y la marea baja, los pescadores salen a pescar con sus grandes redes. Trabajan duro desde el anochecer, y si tienen suerte traen mucho pescado para vender.

Cuando el mar se pone bravo, decimos que está picado, entonces los pescadores suben sus barcas a la playa.

A veces, cuando hay tormenta, algún barco viene a refugiarse en la bahía y se queda allí hasta que se calme el mar.

¿Por qué los pescadores suben sus barcas a la playa cuando el mar está bravo?

Otras veces, se acercan a la playa unos barcos con sus grandes velas blancas. Desde la playa se ven como si fueran gaviotas ocupadas en pescar su comida entre las olas.

También los pelícanos vuelan pegaditos al agua buscando atrapar algún pez con sus grandes picos de bolsa.

A mis hermanos y a mí nos gusta caminar por la playa y recoger conchas y caracoles. Nos gusta pasear al atardecer, ver la puesta del sol, cuando el mar y el cielo cambian de color.

Ya que está lleno nuestro morral, regresamos al pueblo y vamos a la fonda de Don Pepe.

Don Pepe es un experto; con su cuchillo abre las conchas y despega los ostiones, en un segundo, después les pone unas gotas de limón. ¡Humm, qué rico es comerlos así, fresquecitos!

En la fonda siempre hay pescadores que nos cuentan cómo bucean para sacar meros y langostas. Y cómo los peces más chiquitos comen unas hierbas que se llaman algas y plancton, y cómo los peces más grandes se comen a los peces chicos.

Como me da miedo marearme, todavía no sé si de grande voy a ser pescador, marinero o mejor capitán de un barco carguero... Lo que sí sé, es que me gusta mucho comer almejas y abulón, ver el mar y bañarme en él, aunque a veces una ola me revuelque y trague agua salada.

También me gustaría hacer un viaje en un barco grande hasta el otro lado de la Tierra.

---

1. **¿Qué animales del mar viven en el agua, tienen cola y escamas?** (Los peces.)

2. **¿Qué animales del mar comen peces, tienen pico y plumas?** (Gaviotas y pelícanos.)

3. **Además de bañarnos y jugar en el mar, ¿qué otras cosas podemos hacer?** (Bucear, pasear en bote, pescar.)

EL UNIVERSO

por Irene Spamer

PROPÓSITO AL ESCUCHAR LA LECTURA: Escuchar para obtener información y disfrutar.

SUGERENCIA PARA LEER EN VOZ ALTA: Lea el cuento con tono de asombro.

—Hola Citlali, qué bonita noche. ¿En qué piensas?

> Explique que *Citlali* es un nombre náhuatl que significa estrella y que *náhuatl* es la lengua que hablan ciertos indígenas mexicanos.

—Pienso que me gustaría conocer el Universo.

—Pero ya lo conoces. La Tierra, en donde vivimos, es parte del Universo.

—Sí Juan, pero quiero conocer más. Quiero llegar a la Luna y más lejos todavía ¡a las estrellas!

—Bueno, cierra los ojos e imagínate que estás viajando. ¿Qué sientes?

—Siento como que vuelo.

—¿En dónde estamos, Juan?

—¡Estamos en la Luna! Mira, desde aquí vemos la Tierra, que es redonda, igual que la Luna.

> Los niños descubren que la Tierra y la Luna se parecen. ¿En qué son iguales?

—Ven corriendo Juan, encontré muchos hoyos.

—Espérame, Citlali, porque cuando corro siento muy chistoso; como que vuelo.

—¿Sabes por qué, Juan? Porque la Luna es más chica que la Tierra, al tener menos masa, te jala con menos fuerza y entonces cuando brincas... tardas en caer y por eso sientes que vuelas.

—Vamos a seguir viajando.

—Sí, cierra otra vez los ojos.

¿Cómo van a continuar el viaje los niños?

—¡Oh! Estamos en una nave. Y tiene muchos botones, palancas y pantallas.

—Sí, con eso se maneja. Mira por la ventana.

—¿Qué fue eso? Tal vez un hoyo.

—¿Un qué?

—Un hoyo.

—Estás loco, no hay hoyos en el espacio.

—Pues a mí me contaron que sí hay hoyos negros que chupan la luz.

—Entonces el golpe no fue un hoyo porque no nos chupó. Debió ser un asteroide, que son pedazos de estrellas perdidas en el espacio. Van también muy rápido.

¿Por qué los hoyos en el espacio son diferentes a los de la Tierra?

—Me gustaría bajarme en una estrella.

—¡No! Nos quemamos, son muy calientes.

—¿Y por qué el Sol lo vemos grande y las estrellas chicas?

—Porque el Sol es la estrella que está más cerca de la Tierra. Las demás estrellas están muy lejos, por eso las vemos chicas.

—¿Entonces el Sol es una estrella?

—Sí.

¿Creen que el Sol es frío por dentro?

—Citlali, vamos, a explorar el Sol, tal vez es frío por dentro.

—Sí, vamos.

—Juan, si nos acercamos más la temperatura sube, mejor nos regresamos, no vamos a aguantar el calor.

—¿Ahora, adónde vamos?

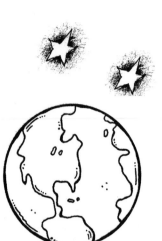

—Creo que a la Tierra.

—Sí, llegamos a una playa.

—Vamos a contarles a esos niños lo que hicimos. ¡Hola! Les vamos a contar de nuestro viaje. Estuvimos en la Luna, nos subimos a una nave, nos acercamos al Sol, y visitamos Saturno.

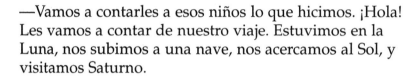

—¿¡Saturno!?

Explique que *Saturno* es otro planeta del sistema solar.

—Oye Juan, te equivocaste, yo no fuí a Saturno.

—¡Ay sí!, es que me contaron de Saturno y sus anillos, me lo imaginé tan bien que pensé que había ido contigo.

—Citlali, me gustó mucho sentir el Universo.
—¿Por qué podemos imaginar cómo son tantas cosas aunque estén tan lejos?

—Yo creo que es porque somos parte del Universo y el Universo está en nosotros.

1. **La Luna y la Tierra se parecen porque son redondas ¿en qué son diferentes?** (La Luna es más chica.)

2. **¿Qué son los asteroides que viajan rápido por el espacio?** (Pedazos de estrellas perdidas en el espacio.)

Amadruz

Canción tradicional

PROPÓSITO AL ESCUCHAR LA LECTURA: Escuchar atentamente para responder apropiadamente a los comandos que da el poema.

SUGERENCIA PARA LEER EN VOZ ALTA: Lea enfatizando la rima y usando las manos y gestos para demostrar las acciones.

> Pongan atención para que puedan seguir las instrucciones que da el poema.

Amadruz, señores, vengo de La Habana,
de cortar modroños para Doña Juana.

La mano derecha y después la izquierda;
y después de lado, luego de costado;
una media vuelta con su reverencia...

Tin-tan llaman a la puerta...
tin-tan, yo no quiero abrir...
tin-tan que viene por ti...

> Explique a los niños que *reverencia* es una inclinación del cuerpo.

1. **¿Quién puede levantar el pie derecho?** (Permita que algunos niños lo hagan.)

2. **¿Quién puede señalar el ojo izquierdo?** (Permita que algunos niños lo hagan.)

Me gustan los coches

Margaret Wise Brown
Versión en español de Tatiana Lans

PROPÓSITO AL ESCUCHAR LA LECTURA: Escuchar para obtener información y disfrutar.

SUGERENCIA PARA LEER EN VOZ ALTA: Lea la primera estrofa del poema rápidamente y la segunda más lentamente para dar tiempo a los niños a crear las imágenes en su mente.

Me gustan los coches.

Explique a los niños que a los *coches* en otros lugares se les llaman carros o automóviles y que *el garaje* es la cochera o donde se guardan los coches.

Coches rojos. Coches verdes.
Coches largos y elegantes.

Me gustan los coches.
Un coche en el garaje.
Un coche con carga.
Un coche para ir de viaje.
Un coche con la antena larga.
Me gustan los coches.

¿Cómo es el coche que te gustaría tener a ti? (Anime a los niños a expresar sus opiniones.)

MUCHOS ZAPATOS

Octavio Paz

PROPÓSITO AL ESCUCHAR LA LECTURA: Escuchar para disfrutar de la rima y participar en conversaciones y discusiones.

SUGERENCIA PARA LEER EN VOZ ALTA: Lea lentamente, enfatizando la rima y haciendo gestos con las manos para ayudar a los niños a entender algunos de los adjetivos.

Zapatos viejos, zapatos grandes;

unos chiquitos y otros flamantes.

> Escuchen con atención las palabras que describen estos zapatos.

Acá calientes y allá brillantes,
los más chistosos, los elegantes.

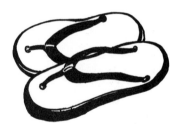

Bien ventilados y agujereados
con agujetas, muy adornados.

Unos picudos y remendados.
Otros de punta y muy dorados.

Yo con los tenis, cómodamente,
subo, camino y corro de frente.

¡Cuántos zapatos! ¿Te gustan, Chente?

1. **¿Por qué al personaje de este poema le gustan más *los tenis?*** (Son cómodos para subir, caminar y correr.)

2. **Lea el segundo verso y pregunte qué palabra del poema termina igual que *elegantes.*** (Calientes y brillantes.)

3. **¿Qué palabras usa la autora para describir los zapatos?**
(Las respuestas variarán pero deben incluir algunos de los adjetivos que aparecen en el poema.)

El trabalenguas del puerquito

PROPÓSITO AL ESCUCHAR LA LECTURA: Escuchar para identificar los elementos musicales del idioma, incluyendo su rima y sonidos repetidos.

SUGERENCIA PARA LEER EN VOZ ALTA: Lea el trabalenguas varias veces comenzando lentamente y luego más rápido.

El puerco que poco coco compra

Explique a los niños que los *trabalenguas* son difíciles de repetir rápidamente porque sus palabras hacen que se nos trabe la lengua.

poco coco come
y el puerco que poca capa compra
poca capa se pone.

Y otro trabalenguas más:

Si el puerco compra limas
y no te compra peras,
no te comprometas
a lo que no puedas.

¿Con qué palabras del trabalenguas se les enreda la lengua? (Anime a los niños a repetir el trabalenguas para que identifiquen esas palabras.)

Un elefante se balanceaba

Tradicional

PROPÓSITO AL ESCUCHAR LA LECTURA: Escuchar para conocer una rima tradicional de su cultura.

SUGERENCIA PARA LEER EN VOZ ALTA: Comience leyendo el poema lentamente y acelere el ritmo según aumenta el número de elefantes.

Un elefante se balanceaba

sobre la tela de una araña,
como veía que resistía
fue a llamar a otro elefante.

Dos elefantes se balanceaban
sobre la tela de una araña,
como veían que resistía
fueron a llamar a otro elefante.

Tres elefantes . . .
Cuatro elefantes . . .
Cinco elefantes . . .

> Comente que ésta es una rima tradicional que también se conoce como canción.

1. **¿Cómo se llama la tela que tejen las arañas?** (Telaraña.)

2. **¿Cómo es posible que tantos elefantes se balanceen en una tela de araña?** (Permita que los niños expresen sus opiniones y explique que las telarañas son verdaderamente fuertes.)

Diez perritos

Yo tenía diez perritos,

> Comente que éste es un poema muy conocido y que tal vez los niños lo conozcan de otra manera o en forma de canción.

uno se metió en la nieve,
no me quedan más que nueve.

De los nueve que me quedan,
uno se comió un bizcocho,
no me quedan más que ocho.

De los ocho que quedaban,
uno se metió en un brete,
no me quedan más que siete.

> Explique a los niños que *brete* es un corral donde se marcan los animales.

De los siete que quedaban,
uno ya no lo veréis,
no me quedan más que seis.

De los seis que me quedaban,
uno se dio un brinco,
no me quedan más que cinco.

De los cinco que quedaban,
uno se quedó en un cuarto,
no me quedan más que cuatro.

De los cuatro que quedaban,
uno se volvió al revés,
no que quedan más que tres.

¿Qué creen que va a pasar ahora?

De los tres que me quedaban,
uno tuvo mucha tos,
no me quedan más que dos.

De los dos que me quedaban,
uno se volvió tuno,
no me queda más que uno.

Y el que me quedaba, un día se fue al campo
y ya no me queda ninguno,
de mis diez perritos.

Explique a los niños que *tuno* es alguien travieso.

1. **¿Cuántos perritos quedan al final?** (ninguno)

2. **¿Qué palabras riman con ocho, cuatro y dos?** (Vuelva a leer las estrofas para que identifiquen las palabras *bizcocho, cuarto* y *tos.*)

Los ratones

Tradicional

PROPÓSITO AL ESCUCHAR LA LECTURA: Escuchar para identificar los elementos musicales del idioma, incluyendo su rima y sonidos repetidos.

SUGERENCIA PARA LEER EN VOZ ALTA: Lea señalando las partes del cuerpo según se nombran y gesticule con las manos para ayudar a los niños a entender los aumentativos.

Arriba y abajo,
por los callejones,
pasa una ratita
con veinte ratones.

Escuchen atentamente para saber cómo son estos ratones.

Unos sin colita
y otros muy colones,
unos sin orejas
y otros orejones.

Unos sin patitas
y otros muy patones,
unos sin ojitos
y otros muy ojones.

Unos sin narices
y otros narigones,
unos sin hocico
y otros hocicones.

**Las palabras *colones*, *orejones*, *patones* riman con *ratones*.
¿Quién puede inventar otras palabras como ésas?**

AHÍ VIENE EL AGUA

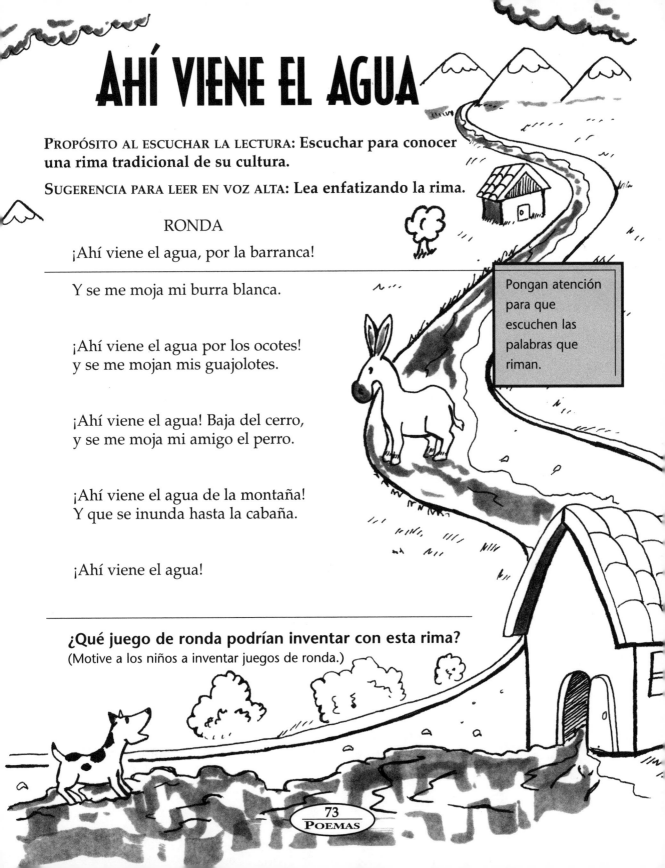

RONDA

¡Ahí viene el agua, por la barranca!

Y se me moja mi burra blanca.

¡Ahí viene el agua por los ocotes!
y se me mojan mis guajolotes.

¡Ahí viene el agua! Baja del cerro,
y se me moja mi amigo el perro.

¡Ahí viene el agua de la montaña!
Y que se inunda hasta la cabaña.

¡Ahí viene el agua!

Pongan atención para que escuchen las palabras que riman.

¿Qué juego de ronda podrían inventar con esta rima?
(Motive a los niños a inventar juegos de ronda.)

¿Quiénes son?

Rima digital de Bertha von Glümer

Éste, el gordito,

¡su fuerza es mucha!

Éste, el curioso,

que dice: ¡escucha!

Éste, el mayor,

lleva sombrero

y éste, el pequeño,

baila ligerito...

Y éste... el huraño

nunca saluda

si un hermanito

no presta ayuda.

Practique con los niños los nombres de los dedos: pulgar, índice, cordial (o del medio), anular y meñique.

La piñata

Tradicional

(1)
Bajen la piñata,

bájenla un tantito,
que le den de palos
poquito a poquito.

(2)
No quiero oro,
ni quiero plata,
yo lo que quiero
es romper la piñata.

¿Por qué creen que el autor lo que quiere es romper la piñata? (Para recoger los dulces y juguetes que tiene la piñata adentro.)

Naná Caliche

Rima tradicional

PROPÓSITO AL ESCUCHAR LA LECTURA: Escuchar para disfrutar de la rima.

SUGERENCIA PARA LEER EN VOZ ALTA: La primera vez lea el poema para que los niños lo disfruten. Luego, vuelva a leerlo dejando que los niños completen la rima en el cuarto y en el octavo verso.

Naná Caliche

<table>
<tr><td>Escuchen con atención para descubrir las palabras que riman.</td><td>

no sale de casa,

porque los perros

le comen la masa.

Naná Caliche

no sale al balcón,

porque la niña

se come el turrón.
</td><td></td></tr>
</table>

¿Pueden decir otras palabras que rimen con *casa* y *balcón*? (Pasa, tasa, grasa, algodón, avión, melón.)

La araña pequeñita

PROPÓSITO AL ESCUCHAR LA LECTURA: Escuchar para participar en conversaciones y discusiones.

SUGERENCIA PARA LEER EN VOZ ALTA: Lea con un tono de voz alegre y haga gestos con las manos para demostrar cómo sube la arañita. Invite a los niños a imitar a la arañita cuando lea la segunda y tercera estrofa.

La araña pequeñita
subió, subió, subió.
Vino la lluvia
y se la llevó.
Salió el sol
y todo lo secó,
y la araña pequeñita
subió, subió, subió.

La araña pequeñita
subió, subió, subió.
Vino la lluvia
y se la llevó.
Salió el sol
y todo lo secó,
y la araña pequeñita
subió, subió, subió.

La araña grandotota
subió, subió, subió.
Vino la lluvia
y se la llevó.
Salió el sol
y todo lo secó,
y la araña grandotota
subió, subió, subió.

Escuchen con atención para ver cómo cambia la arañita.

¿Por qué cambió la arañita al final de la canción? (Pasó el tiempo y la arañita creció.)

¡Tic, tac!

Rima digital de Bertha von Glümer

PROPÓSITO AL ESCUCHAR LA LECTURA: Escuchar para obtener información y disfrutar.

SUGERENCIA PARA LEER EN VOZ ALTA: Lea el primer poema enfatizando el tic-tac y pida a los niños que lo marquen con sus manos. El segundo, léalo cantando el primer verso de cada estrofa y enfatizando su rima.

El reloj nos habla:
¡tic-tac, tic-tac, tic-tac, tic-tac!

Sin correr, sin atrasar
siempre fiel y siempre igual,
el reloj, que marca el tiempo
nos repite en su tic-tac.

Explique a los niños que *fiel* es algo o alguien en quien se puede confiar siempre.

El reloj

F. Isabel Campoy

¡Din!
el reloj dio la una
¡qué hora tan divertida
para coger una pluma!

¡Din, don!
el reloj dio las dos
¡qué hora tan molesta
para que vuelva la tos!

¡Din, don, don!
el reloj dio las tres
¡qué hora tan bonita
para verte otra vez!

1. **¿Qué es lo que marca el reloj cuando dice *tic-tac*?** (La hora, el tiempo.)

2. **¿Qué palabras riman con: *una, dos y tres*?** (Vuelva a leer las estrofas para que identifiquen las palabras *pluma, tos, vez*.)

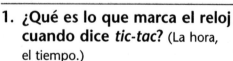

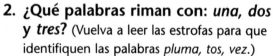

El tobogán

Propósito al escuchar la lectura: Escuchar y participar en conversaciones y discusiones.

Sugerencia para leer en voz alta: Lea expresiva y alegremente.

Deslízate, ¡abajo!

No cuesta trabajo
descender primero
perdiendo el sombrero
y subir después:
¡una, dos y tres!
¡Abajo otra vez!

> Explique que *descender* es bajar.

EL COLUMPIO

Alma Flor Ada

Sube el columpio

y parece
que el árbol
me quiere hablar
y que del cielo
una nube
está bajando
a jugar.

> Escuchen atentamente para descubrir las diferencias que hay entre un columpio y un tobogán.

1. ¿Qué hacen cuando se montan en un columpio?

(Permítales que hablen sobre sus experiencias en los columpios.)

2. ¿En qué se diferencia un tobogán de un columpio?

(Anímelos a expresarse en oraciones completas.)

Nunca podré conocer el mar

Erika Ramírez Diez

PROPÓSITO AL ESCUCHAR LA LECTURA: Escuchar para disfrutar de la rima y participar en conversaciones y discusiones.

SUGERENCIA PARA LEER EN VOZ ALTA: Lea enérgicamente haciendo una pausa entre los dos primeros y los dos últimos versos de cada estrofa. Luego, lea el segundo poema con un tono travieso y pícaro.

Nunca podré conocer el mar
siempre que viene se va.

El mar

Alma Flor Ada

Escuchen con atención para descubrir de qué lugar está hablando la autora de este poema.

Remar,

esquiar,
zambullirse,
divertirse.

Ir,
venir,
un castillo
construir.

En el agua
deslizarse,
y en la arena
enterrarse.

1. **Vuelva a leer el poema y pregúnteles qué palabras riman con *zambullirse*, *construir* y *flotar*.** (*divertirse, venir y nadar*)

Nadar,
flotar,
¡ven a la playa
a jugar!

2. **¿Por qué la autora dice que el mar *viene y se va*?** (por el movimiento de las olas en la playa)

Peces

Kitzia y Gabriela

PROPÓSITO AL ESCUCHAR LA LECTURA: Escuchar el poema y participar en conversaciones y discusiones.

SUGERENCIA PARA LEER EN VOZ ALTA: Lea expresivamente haciendo gestos con las manos para demostrar los diferentes adjetivos que se usan para describir los peces.

Peces enormes, peces chiquitos,

unos gordotes y otros flaquitos,

los alargados y los puntiagudos,

unos chatitos y otros coludos.

Rayados, pintitos, panzones, ojones,

trompudos, peludos, también orejones,

dorados, plateados, azules, morados,

lisitos, chupados y otros esponjados.

> Escuchen con atención para conocer cómo son estos peces.

¿Cómo son algunos de los peces en este poema? (Anime a los niños a usar las palabras descriptivas del poema.)

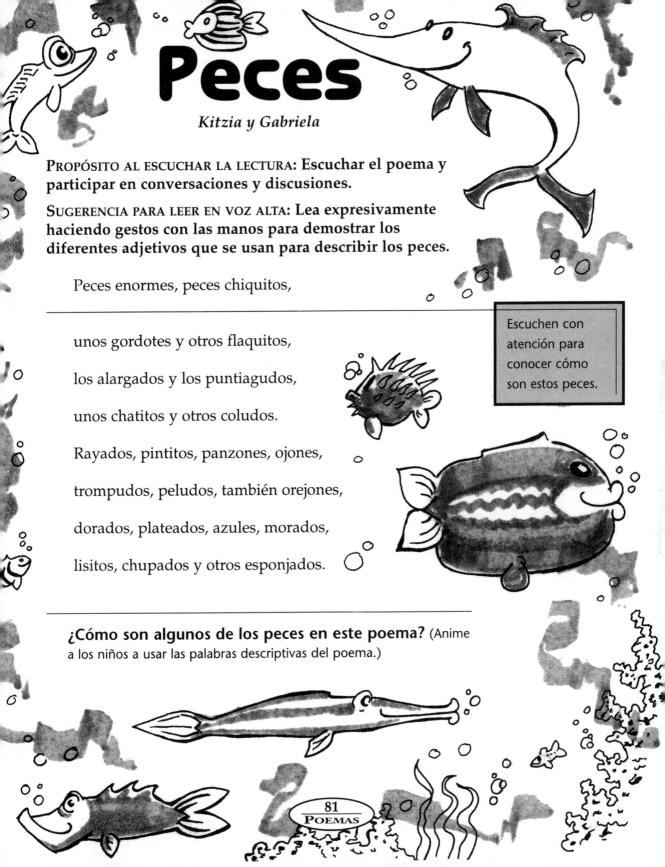

81
POEMAS

El acuario

Jaime Ferran

PROPÓSITO AL ESCUCHAR LA LECTURA: Escuchar críticamente para interpretar y evaluar esta adivinanza y el poema.

SUGERENCIA PARA LEER EN VOZ ALTA: Introduzca la adivinanza diciendo *Adivina, buen adivinador* y léala como diciendo un secreto. Luego, lea el poema con tono de asombro.

> Explique a los niños que un *acuario* es como una piscina enorme con un lado de cristal para que la gente pueda ver los animales y plantas marinas que allí viven.

En la sala oscura

las grandes ventanas

filtran la luz verde,

contienen el agua.

Desde ellas nos miran

los peces de plata.

¡Qué raros seremos

frente a su mirada!

Sólo vuela bajo el agua
este pájaro al revés.
(El pez)

1. **¿Por qué se dice que el pez *vuela bajo el agua*?**
   (Porque nada en el agua y el agua es transparente como el aire.)

2. **¿Por qué dice el autor que los peces nos *ven* raros?**
   (Porque nos ven desde el otro lado del cristal.)

Menaje completo

Bertha von Glümer

PROPÓSITO AL ESCUCHAR LA LECTURA: Escuchar para obtener información y disfrutar.

SUGERENCIA PARA LEER EN VOZ ALTA: Use dos tonos de voz, uno entusiasta y rápido para el niño carpintero y otro para el vecinito que hace la primera pregunta con curiosidad, las últimas con irritación y diga la estrofa final con tono cansado.

Explique que *menaje* es todos los muebles y útiles que hay en una casa.

Con hacha, sierra y martillo,
cepillo, escollo y cincel,
trabaja el buen carpintero,
también yo trabajaré.

Mi taller será aquí mismo;
sobre la mesa ya está.
Ordenada la herramienta...
carpintero, ¡a trabajar!

¡Convidaré a mi vecino!
Juntos podremos jugar,
y así nuestras herramientas
mejor el trabajo harán...

¿Qué haremos?

Escuchen para descubrir con quién va a trabajar este carpintero.

Una mesita de planchar para mamá.

Ahora cuatro percheros
para la ropa de papá.

El marco de la ventana,
y el bastidor de bordar.

Escuchen bien para ver todas las cosas que los niños quieren hacer.

La silla del nenito
y el sillón de la mamá.

El piano con su banquillo
porque hermana va a estudiar.
Una casa de muñecas
y un ajuar de comedor
con sus mesas y sus sillas
y su gran aparador.

La cama de los niñitos,
la grande, de los papás,
y la cuna del nenito
con su blanco barandal.

Una caja fuerte y buena
para cosas del bebé:
su pelota, su corneta
sus recortes de papel...

¿Y una casa para el perro?
¿Y un seguro palomar?
¿Y un pequeño gallinero
para aves del corral?

¿Cómo se siente
el vecinito al
escuchar todo el
trabajo que van
a hacer?

Mi querido compañero,
que descanse el carpintero.

1. **¿Qué material muy importante que usan los
carpinteros nunca se nombra en este poema?** (La
madera. Vuelva a leer la primera estrofa, si es necesario.)

2. **¿Creen que es posible que estos niños construyan
todas estas cosas? ¿Por qué?** (Permita que los niños expresen
sus opiniones.)

ADIVINANZAS

PROPÓSITO AL ESCUCHAR LA LECTURA: Escuchar para obtener información y resolver problemas.

SUGERENCIA PARA LEER EN VOZ ALTA: Lea las adivinanzas lentamente con tono de pregunta.

¿Qué se pone en la mesa,
se reparte y no se come?

(los cubiertos)

¿Qué le dijo la cuchara a la sopa?
(Me voy, pero volveré.)

Escuchen con atención para encontrar las respuestas a estas adivinanzas.

Dos hermanas

Antonio Granados

Dos hermanas diligentes
que caminan al compás
con el pico por delante
y los ojos por detrás.
(las tijeras)

1. **¿Qué otras cosas se ponen en la mesa que no se comen?** (platos, flores, manteles)

2. **¿Por qué la cuchara dice *me voy, pero volveré*?** (porque primero se hunde en la sopa, luego sube hasta la boca y después vuelve a la sopa)

3. **¿Cuáles son los ojos de las tijeras?** (donde van los dedos)

PROPÓSITO AL ESCUCHAR LA LECTURA: Escuchar para resolver problemas y disfrutar.

SUGERENCIA PARA LEER EN VOZ ALTA: Lea lentamente con tono de pregunta y use dibujos o fotos de los animales para ayudar a los niños a resolver las adivinanzas.

Escuchen con atención para encontrar la solución a estas adivinanzas.

De todos los animales

que conocemos los hombres,
¿cuál es aquel que en su nombre
lleva las cinco vocales?
(El murciélago)

Adivina quién soy:
cuando voy, vengo,
y cuando vengo, voy.
(El cangrejo)

¿Qué es, qué es
del tamaño de una nuez,
sube al monte
y no tiene pies?
(El caracol)

En alto vive,
en alto mora,
en alto teje,
la tejedora.
(La araña)

Explique a los niños que *morar* quiere decir vivir o habitar en algún lugar.

1. **¿Cómo es posible que el caracol suba al monte si no tiene pies?** (porque se arrastra)

2. **¿Por qué se dice que la araña es una *tejedora*?** (porque teje su telaraña)

En el día de cumpleaños

Germán Berdiales

PROPÓSITO AL ESCUCHAR LA LECTURA: Escuchar para obtener información y resolver problemas.

SUGERENCIA PARA LEER EN VOZ ALTA: Lea lentamente y en la segunda y tercera estrofa, muestre los dedos al contar.

1, 2 y 3,
4, 5 y 6
es la cuenta, larga cuenta
de mis años.

Si la saco
con ayuda de los dedos:
tengo 1, tengo 2 y tengo 3,
tengo 4, tengo 5 y... ¡falta el 6!

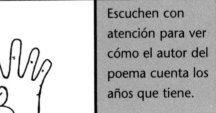

Escuchen con atención para ver cómo el autor del poema cuenta los años que tiene.

porque tengo tantos años
que esta vez
no me alcanzan los deditos
de la mano.

1, 2 y 3,
4, 5 y 6
es la cuenta, larga cuenta
de mis años.

¿Cuántas manos tienen que usar para mostrar los años que tienen? (Dos manos.)

CUANDO SEA GRANDE

Álvaro Yunque

PROPÓSITO AL ESCUCHAR LA LECTURA: Escuchar para interpretar los sentimientos del personaje de este poema.

SUGERENCIA PARA LEER EN VOZ ALTA: Lea pausadamente para enfatizar el ritmo y la rima del poema.

Mamá, cuando sea grande,
voy a hacer una escalera
tan alta que llegue al cielo,
para ir a coger estrellas.

Me llenaré los bolsillos,
de estrellas y cometas,

y bajaré a repartirlas
a los chicos de la escuela.

Pero a ti voy a traerte,
mamita, la luna llena,
para que alumbres la casa
sin gastar en luz eléctrica.

Explique a los niños que un *cometa* es un astro que se mueve por el cielo con una larga cola brillante.

¿Qué creen que siente el personaje por los chicos de la escuela y por su mamá? (Los quieren mucho.)

Ya sé leer

F. Isabel Campoy

PROPÓSITO AL ESCUCHAR LA LECTURA: Escuchar para disfrutar de la rima y participar en conversaciones y discusiones.

SUGERENCIA PARA LEER EN VOZ ALTA: Lea lenta y alegremente enfatizando la rima.

¡Oigan, vengan a ver!

Quiero que todos lo sepan.
Sepan que ya sé leer.

Sé cantar el ABC,
leer mi nombre
y el de mamá también.

Puedo abrir libros,
pasar las páginas,
ver los dibujos,
crear las historias.

¡Oigan, vengan a ver!
Quiero que todos lo sepan.
Sepan que ya sé leer.

> Escuchen atentamente para ver qué sabe hacer el personaje del poema.

> Explique a los niños que el *ABC* es el abecedario.

¿Por qué creen que es importante aprender a leer?

(Permita que los niños expresen sus opiniones.)

ASTRONAUTA

Tomás Calleja Guijarro

PROPÓSITO AL ESCUCHAR LA LECTURA: Escuchar para obtener
información y resolver problemas.

SUGERENCIA PARA LEER EN VOZ ALTA: Lea con un tono de voz
alegre y emocionado por la aventura.

A la luna, luna
me quiero subir.
Para ver si sabe
llorar y reír.

En un gran cohete
yo me montaré
y a la luna, luna
navegando iré.

Cuando en el cohete
me vea llegar,
como no me espera
se puede asustar.

¿Por qué la luna
se puede asustar?

Por eso una carta
yo le enviaré
diciéndole: Luna,
pronto te iré a ver.

¿Por qué el autor quiere ir a la luna? (Para ver si sabe llorar
y reír.)

Tengo una muñeca

PROPÓSITO AL ESCUCHAR LA LECTURA: Escuchar para conocer un poema tradicional de su cultura.

SUGERENCIA PARA LEER EN VOZ ALTA: Lea enfatizando la rima y musicalidad del poema.

Tengo una muñeca

vestida de azul,
con zapatos blancos
y velo de tul.
La saqué a paseo.
Se me resfrió.
La metí en la cama
con mucho dolor.
Esta mañanita
me ha dicho el doctor
que le dé jarabe
con un tenedor.

Dos y dos son cuatro
cuatro y dos son seis,
seis y dos son ocho,
y ocho, dieciséis.

Explique a los niños que éste es un poema tradicional que tal vez ellos conozcan de otra manera o como canción.

1. **¿Qué pasará cuando la niña trate de hacer lo que el doctor recetó?** (El jarabe se derramará; necesita una cuchara.)

2. **Escuchen nuevamente para que digan qué palabras riman con *azul* y *doctor*.** (*tul, dolor, tenedor*)

El parque

Alma Flor Ada

Propósito al escuchar la lectura: Escuchar para obtener información y apreciar el poema.

Sugerencia para leer en voz alta: Lea con alegría enfatizando las sílabas de las palabras divididas en la segunda estrofa.

Vámonos al parque,

> Escuchen atentamente para saber qué hacen los niños en el parque.

amigos,
vengan a jugar
conmigo.

Saltar, correr,
brincar, trepar,
co-lum-piar-nos,
des-li-zar-nos.

Mirar los perros,
pájaros y hojas
y, entre las ramas,
ardillas rojas.

¡Qué contenta estoy,
amigo,
de poder jugar
contigo!

Cuando van al parque con sus familias ¿qué otras cosas hacen? (Permita que los niños hablen sobre sus propias experiencias.)

¡Pintaré un sol!

José Antonio Xokoyotsin
(Poeta náhuatl)

PROPÓSITO AL ESCUCHAR LA LECTURA: Escuchar para conocer un poema de una de las culturas indígenas de México.

SUGERENCIA PARA LEER EN VOZ ALTA: Lea expresivamente enfatizando la palabra *todos* en cada estrofa.

Pintaré un sol

grande y bello
que todos lo contemplen
que todos lo admiren.
Pintaré un sol
con gran fuerza,
que a todos alumbre
que a todos ilumine.
Pintaré un sol
lleno de flores,
flores para la vida,
flores para todos.
Pintaré un sol...

Explique a los niños que este poema fue escrito originalmente en náhuatl que es la lengua que aún hablan ciertos indígenas mexicanos.

¿Por qué el autor quiere pintar un sol para todos? (Permita que los niños expresen sus opiniones.)

El sapito glo-glo-glo

José Sebastián Tablón

PROPÓSITO AL ESCUCHAR LA LECTURA: Escuchar para disfrutar de la rima y participar en conversaciones y discusiones.

SUGERENCIA PARA LEER EN VOZ ALTA: Lea la primera y última estrofa del poema con un tono de misterio y enfatizando las preguntas de la segunda y tercera estrofa.

Nadie sabe dónde vive.
Nadie en la casa lo vio.
Pero todos escuchamos
al sapito: glo-glo-glo.

¿Vivirá en la chimenea?
¿Dónde diablos se escondio?
¿Dónde canta, cuando llueve,
el sapito: glo-glo-glo?

¿Vive acaso en la azotea?

Explique a los niños que *azotea* es el techo plano de una casa que se puede usar para jugar, tomar sol o tender ropa.

¿Se ha metido en un rincón?
¿Está bajo de la cama?
¿Vive oculto en una flor?

Nadie sabe dónde vive.
Nadie en la casa lo vio.
Pero todos escuchamos
cuando llueve: glo-glo-glo.

¿Cómo sabía el autor que era un sapito si nadie lo vio?
(Lo escuchaba.)

La ardilla

Amado Nervo

PROPÓSITO AL ESCUCHAR LA LECTURA: Escuchar críticamente
para interpretar el poema.

SUGERENCIA PARA LEER EN VOZ ALTA: Lea utilizando tres tonos
de voces para diferenciar al narrador, a la niña y a la ardilla.

La ardilla corre,

la ardilla vuela,

la ardilla salta

como locuela.

—Mamá, ¿la ardilla

no va a la escuela?

—Ven, ardillita,

tengo una jaula

que es muy bonita.

—¡No! Yo prefiero

mi tronco de árbol

y mi agujero.

> Escuchen con
> atención para
> saber dónde le
> gusta estar a la
> ardilla.

¿Por qué la ardilla prefiere *su tronco y su agujero*? (Le
gusta estar libre.)

Los siete días

Oscar Jara Azocar

PROPÓSITO AL ESCUCHAR LA LECTURA: Escuchar para obtener información y disfrutar.

SUGERENCIA PARA LEER EN VOZ ALTA: Lea con musicalidad y con los dedos indique la correspondencia entre el nombre y el orden de los días de la semana.

Hay en la escuela

Escuchen atentamente para saber el nombre y el orden de los días de la semana.

siete niñitos:

Primero el lunes,
flojo y dormido.

Segundo el martes,
bueno y activo.

Tercero el miércoles,
pasa jugando.

Cuarto es el jueves
serio y callado.

Quinto es el viernes
tranquilo y tímido.

Sexto es el sábado,
¡el más lucido!

Por fin, domingo,
¡bello y querido!

1. ¿Cuál es el último día de la semana? (Domingo.)

2. ¿Cuál es el primer día de la semana? (Lunes.)

La tos de la muñeca

Germán Berdiales

Propósito al escuchar la lectura: Escuchar para disfrutar y apreciar el poema.

Sugerencia para leer en voz alta: Lea con tono nervioso para la niña y uno grave y de preocupación cuando habla el doctor.

Como mi linda muñeca
tiene un poquito de tos,
yo, que en seguida me aflijo,
hice llamar al doctor.

Serio y callado a la enferma
largo tiempo examinó:
ya poniéndole el termómetro,
ya mirando su reloj.

La muñeca estaba pálida.
Yo temblaba de emoción,
y al fin, el médico dijo,
bajando mucho la voz;
—Esta tos sólo se cura
con un caramelo o dos.

> Explique a los niños que *aflijirse* es preocuparse y ponerse triste.

¿Creen que la medicina que recetó el doctor va a curar a la muñeca? ¿Por qué? (Permita que los niños expresen su opinión.)

La mudanza

Eunice Tietjens

Propósito al escuchar la lectura: Escuchar para disfrutar de la rima y participar en conversaciones y discusiones.

Sugerencia para leer en voz alta: Lea con tono alegre.

Me encantan las mudanzas,

> **Escuchen el poema para ver qué piensa el personaje de las mudanzas.**

me gusta ese trajín
sin fin,
de ir y venir,
bajar, subir,
entrar, salir.
Hombres con bultos y con paquetes.
Lámparas, sillas, mesas, juguetes,
libros, pucheros, ollas, colchones . . .

> **Explique que *pucheros* son pequeñas vasijas de barro que se usan para cocinar.**

Cosas perdidas encuentro, a veces:
una muñeca...o un cascanueces;
juguetes viejos: trenes, carritos . . .
(Siempre se pierden los más bonitos.)
Y, en una caja,
¡mi sombrerito de fina paja!
Mas no me gusta sólo mirar;
en los trajines quiero ayudar,
ir y venir,
bajar, subir.

Y hacer paquetes muy primorosos . . .
con perros, gatos, muñecos, osos . . .
Una mudanza ¡es tan movida,
tan animada, tan divertida . . . !

1. **¿Qué palabras usa el autor para describir la mudanza en estos versos?** (Lea los primeros seis versos para que identifiquen: *trajín sin fin, ir y venir, bajar, subir, entrar y salir.*)

2. **¿Qué sucederá cuando lleguen a la nueva casa?** (Hay que colocar todo en su lugar, hay mucho trabajo.)

Solidaridad

Amado Nervo

PROPÓSITO AL ESCUCHAR LA LECTURA: Escuchar atentamente este poema clásico de la literatura latinoanoamericana.

SUGERENCIA PARA LEER EN VOZ ALTA: Lea el poema pausadamente para que los niños disfruten cada uno de sus versos.

Alondra, ¡vamos a cantar!

Cascada, ¡vamos a saltar!
Riachuelo, ¡vamos a correr!
Diamante, ¡vamos a brillar!
¡Águila, ¡vamos a volar!
Aurora, ¡vamos a nacer!
    ¡A cantar!
    ¡A saltar!
    ¡A correr!
    ¡A brillar!
    ¡A volar!
    ¡A nacer!

> Explique a los niños que *alondra* es un pájaro y la *aurora* es el amanecer.

¿Por qué el autor dice que *la cascada va a saltar*?
(El agua al caer parece que salta.)

ESTRELLAS

Sergio Figueroa

PROPÓSITO AL ESCUCHAR LA LECTURA: Escuchar para obtener información y apreciar el poema y su rima.

SUGERENCIA PARA LEER EN VOZ ALTA: Lea lentamente y utilizando tres tonos de voz para diferenciar al narrador de la estrella del cielo y de la estrella de mar.

Escuchen con atención para descubrir lo que piensan las estrellas en este poema.

La estrella miró al fondo del mar.

Vio otra estrella y se puso a pensar.
Se preguntó a sí misma —¿qué puede ser?
Una hermana gemela, no ha de ser.

Explique a los niños que en este caso "hermana gemela" se usa para decir que las estrellas son iguales.

Pensó y pensó y luego pensó.
Al final del día dijo que no.
No puede haber una estrella allí.
Todas viven en el cielo aquí.

La estrella del mar al cielo miró
y en la estrella del cielo también se fijó.
Se preguntó a sí misma —¿qué puede ser?
Una hermana gemela, no ha de ser.

Pensó y pensó y luego pensó,
Al final del día dijo que no.
No puede haber una estrella allí,
Todas viven en el mar aquí.

Y así se quedaron las dos estrellas
Pensando, mirando, tranquilas y bellas.
Ni una ni la otra nunca sabrá,
cómo del cielo viajar al mar.

¿Qué vio la estrella del mar en el cielo?

1. **¿Por qué la estrella del mar piensa que en el cielo no pueden haber estrellas?** (Porque sólo conoce las estrellas del mar, nunca ha estado en el cielo.)

2. **Vuelva a leer la primera y la última estrofa y pregunte qué palabras en el poema riman con** *bellas* **y** *pensar.* (*Estrellas* y *mar.*)

¿Piensan que al final las estrellas descubren que hay estrellas en el cielo y también en el mar? ¿Por qué?

La canción del perro callejero

Elisa González Mendoza

PROPÓSITO AL ESCUCHAR LA LECTURA: Escuchar críticamente para interpretar y evaluar el poema.

SUGERENCIA PARA LEER EN VOZ ALTA: Lea la primera estrofa con tono triste y la segunda alegre y tiernamente.

Nací a la orilla del río
que cruza la gran ciudad.
¡Que me está calando el frío!

Explique que *me está calando el frío* quiere decir que tiene mucho frío.

¡Qué triste es la soledad!
Necesito un buen amigo
que me ayude de verdad;
que me brinde un tibio abrigo
y me dé felicidad.

¿Cómo creen que se siente el perro callejero?

¿Cómo estás, querido niño?
Soy fiel, cumplido y formal.
Regálame tu cariño;
sin dueño, me siento mal.

¿Cómo se sentiría el perrito si tuviera un dueño?
(feliz, contento)

Año Nuevo

Gastón Figueira

PROPÓSITO AL ESCUCHAR LA LECTURA: Escuchar y disfrutar para participar en conversaciones y discusiones.

SUGERENCIA PARA LEER EN VOZ ALTA: Lea con voz deseosa y llena de confianza.

¡Yo te saludo, Año Nuevo!
¿Qué me vas a regalar?
¿Me traes lindos juguetes
de tu encantado bazar?
¿Me traes ricos pasteles
de tu gran horno solar?

Tú posees todas las cosas
que podemos anhelar.
Dame algo maravilloso.
¡Me gusta tanto jugar!

Y el año próximo, cuando
me vuelvas a visitar,
tráeme libros de lectura.
También me agrada estudiar.

¡Yo te saludo, Año Nuevo!
Si nada me quieres dar,
es lo mismo, porque tengo
el cariño de mi hogar.

Explique a los niños que el poeta dice que al año tiene un *gran horno solar* porque la Tierra se demora justo un año en dar vuelta al Sol.

¿Por qué creen que el personaje del poema le pide libros de lectura para *el próximo año?* (Le gustan los libros; para el próximo año ya sabrá leer muy bien.)

Pájaro carpintero

Gilda Rincón

PROPÓSITO AL ESCUCHAR LA LECTURA: Escuchar para identificar los elementos musicales del lenguaje, incluyendo su rima.

SUGERENCIA PARA LEER EN VOZ ALTA: Lea con voz juguetona y coqueta.

Pájaro carpintero,

> Escuchen bien para que descubran todos los nombres que le da la autora al pájaro carpintero.

picamadero,
cuánto me cobra usted
por un librero.

Maestro carpintero,
copete-rojo,
mondador de cortezas,
come-gorgojos,

> Explique a los niños que *gorgojos* son unos insectos pequeñitos que se alimentan de cereales y frutas.

cuánto por una cama
de buen encino,
cuánto por una silla
de puro pino.

Pájaro carpintero,
sacabocado,
cuánto por un trastero
bien cepillado.

Diga cuánto, maestro,
pico-de-acero,
porque me cante, cuánto,
buen carpintero.

Porque me cante, cuánto,
carpinterillo,
al compás de los golpes
de su martillo.

---

1. **¿Por qué *picamadero* es un buen nombre para el pájaro carpintero?** (Pica la madera con su pico.)

2. **¿Cuál es el martillo del pájaro carpintero?** (su pico)

Estrellita del lugar

Jannat Messenger

PROPÓSITO AL ESCUCHAR LA LECTURA:
Escuchar para disfrutar de su rima y participar en conversaciones y discusiones.

SUGERENCIA PARA LEER EN VOZ ALTA: Lea con voz ilusionada los primeros cuatro versos de cada estrofa y los dos últimos, léalos con tono de súplica.

Tu pequeño parpadeo

desde mi ventana veo.
No te vayas a dormir
que la luna va a salir.
Estrellita del lugar,
brilla, brilla sin cesar.

La casa podrá encontrar,

a casa podrá llegar.
Aunque no sé dónde estás,
brilla, brilla sin cesar.
Estrellita del lugar,
no te canses de brillar.

Escuchen con atención para que descubran a quién le habla el personaje de este poema.

Escuchen para que descubran las palabras que riman en esta estrofa.

En la noche del viajero,
tú serás claro lucero.

Nunca podría llegar
si tú dejas de brillar.
Estrellita del lugar,
no te canses de brillar.

El sol se ha ocultado ya,
muy oscuro todo está.
Ahora empieza tú a brillar,
brilla, brilla sin cesar.

¿Creen que la estrellita se cansará de brillar?

Estrellita del lugar,
no te canses de brillar.
Estrellita del lugar,
no te canses de brillar.
Manda a la Tierra tu luz
por el norte y por el sur.
Estrellita del lugar,
no te canses de brillar.

1. **¿Por qué se dice en este poema que la estrellita *parpadea*?** (Cuando brilla parece que se prende y se apaga.)

2. **¿Cómo ayuda la estrellita al viajero?** (Le indica el camino que tiene que seguir.)

Índice de títulos y autores

Temas

Temas de ¡Vamos de fiesta!   **Otros temas populares**

Temas

Selecciones	Descubrimiento de sí mismo	Juntos trabajamos	Crecimiento y cambio	La creatividad	Las comunidades	Exploramos	Logros	Aventuras	Animales	Celebraciones	Desafíos	Valor	Descubrimientos	Sueños	Familia y amigos	Metas	Héroes	Hogar	Viajes	El océano	Plantas	El espíritu de América	Cuentos de todo el mundo	Cuentos sin tiempo
La araña pequeñita	•							•	•				•											
¡Tic, tac!		•											•					•						
El reloj	•												•					•						
El tobogán			•					•		•					•									
El columpio				•				•		•					•									
Nunca podré conocer el mar				•									•							•				
El mar (poema)		•						•			•	•								•				
Peces						•			•				•							•				
El acuario				•					•				•							•				
El pez					•				•			•	•							•				
Menaje completo		•					•						•		•	•		•						
Los cubiertos	•												•					•						
La sopa y la cuchara						•							•					•						
Dos hermanas						•							•					•						
El murciélago				•					•				•											
El cangrejo		•							•											•				
El caracol									•				•					•	•				•	
La araña		•							•			•	•					•						
En el día de cumpleaños		•					•					•	•		•									
Cuando sea grande		•						•					•	•	•			•	•					
Ya sé leer			•				•				•	•			•	•								
Astronauta		•						•					•	•					•					
Tengo una muñeca		•										•			•			•						
El parque				•				•							•	•								
¡Pintaré un sol!				•										•	•	•							•	
El sapito glo-glo-glo					•				•	•			•					•						
La ardilla	•								•				•					•						
Los siete días				•								•						•						
La tos de la muñeca			•								•				•			•						
La mudanza						•		•					•					•						
Solidaridad	•																						•	
Estrellas				•						•		•						•		•				
La canción del perro callejero				•					•					•	•			•	•					
Año Nuevo	•									•				•	•	•								
Pájaro carpintero						•			•									•						
Estrellita del lugar			•					•					•	•				•						

Propósitos al escuchar	determinar el propósito al escuchar	responder a preguntas y órdenes	aprender vocabulario	participar en actividades orales	escuchar críticamente para interpretar y evaluar	reaccionar a selecciones clásicas y contemporáneas	identificar elementos literarios del lenguaje	obtener conocimientos de otras culturas y la propia
Selecciones								
acuario, El			•					
Ahí viene el agua				•				
Alexander, que de ninguna manera—¿le oyen?—¡lo dice en serio!—se va a mudar.	•		•	•	•			•
Amadruz		•	•	•				•
Año Nuevo				•	•		•	
araña, La	•		•		•			
araña pequeñita, La				•		•		
ardilla, La					•			
Astronauta	•							
cabrito y el lobo, El	•		•			•		
canción del perro callejero, La				•	•			
cangrejo, El	•				•			
caracol, El	•				•			
columpio, El				•				
Cuando sea grande			•		•			
cubiertos, Los	•				•			
Dailan Kifki			•	•				
Diez perritos			•	•				
Dos hermanas	•				•			
elefante se balanceaba, Un								•
En el día de cumpleaños	•							
Estrellas	•							
Estrellita del lugar			•	•				
farolito rojo, El					•			
gallinita dorada, La			•			•		
Había una vez en Dragolandia...			•	•			•	
león y el chapulín, El	•							
liebre y la tortuga, La			•			•		
Lilí, Loló y Lulú			•		•			
mar, El (cuento)	•		•					
mar, El (poema)				•				
Me gustan los coches	•		•					
Menaje completo	•		•					
Muchos zapatos				•				

Propósitos al escuchar

Selecciones	determinar el propósito al escuchar	responder a preguntas y órdenes	aprender vocabulario	participar en actividades orales	escuchar críticamente para interpretar y evaluar	reaccionar a selecciones clásicas y contemporáneas	identificar elementos literarios del lenguaje	obtener conocimientos de otras culturas y la propia
mudanza, La			●	●				
murciélago, El	●				●			
Naná Caliche				●				
naranjo que no daba naranjas, El			●		●			
Nunca podré conocer el mar				●	●			
olla mágica, La				●	●			
Pájaro carpintero			●				●	
parque, El	●							
patito feo, El			●			●		
Peces				●				
pez, El					●			
¡Pintaré un sol!					●			●
piñata, La								●
pollito de la avellana, El	●		●					
poquito a la vez, Un	●		●					
¿Por qué el conejo tiene las orejas tan largas?			●					●
¿Por qué el perro mueve la cola?			●					●
¿Quiénes son?						●		●
ratón de campo y el ratón de la ciudad, El			●		●			
ratones, Los			●				●	
reloj, El	●		●					
sapito glo-glo-glo, El			●	●				
siete días, Los	●							
Solidaridad			●			●		
Sopa de piedra	●		●			●		
sopa y la cuchara, La	●				●			
Tengo una muñeca				●				●
¡Tic, tac!	●		●					
tobogán, El			●	●				
tos de la muñeca, La	●		●		●			
trabalenguas del puerquito, El				●			●	
Universo, El	●		●					
Ya sé leer				●				